# 商业银行管理统计

杨廷干等　编著



中国财政经济出版社

**图书在版编目（CIP）数据**

商业银行管理统计/杨廷干等编著．—北京：中国财政经济出版社，2016.6
ISBN 978－7－5095－6801－9

Ⅰ.①商…　Ⅱ.①杨…　Ⅲ.①商业银行－统计分析　Ⅳ.①F830.42

中国版本图书馆CIP数据核字（2016）第138111号

责任编辑：吕小军　　责任校对：刘　靖
封面设计：思梵星尚　　版式设计：兰　波

中国财政经济出版社 出版
**URL**：http：//www.cfeph.cn
E－mail：cfeph@cfeph.cn

社址：北京市海淀区阜成路甲28号　邮政编码：100142
营销中心电话：88190406　北京财经书店电话：64033436　84041336
北京富生印刷厂印刷　各地新华书店经销
787×1092毫米　16开　11.75印张　200 000字
2016年6月第1版　2016年6月北京第1次印刷
定价：24.00元
ISBN 978－7－5095－6801－9/F·5472
（图书出现印装问题，本社负责调换）
本社质量投诉电话：010－88190744
**打击盗版举报热线：010－88190492，QQ：634579818**

# 目 录

# 第一章

# 绪 论

商业银行是适应社会化大生产需要而形成的一种金融企业，现代商业银行已经成为各国经济活动中最主要的资金集散机构和综合性金融服务组织。统计方法在现代商业银行管理中得到广泛应用，加强统计方法的研究与应用，是商业银行管理现代化的题中应有之义。

## 第一节 商业银行与商业银行管理

### 一、商业银行的性质特点与管理目标

各国商业银行产生的具体条件不同，称谓也不尽一致，但所有的商业银行都以利润最大化为目标，都是以多种金融资产和金融负债为经营对象的金融企业，现代商业银行在经济活动中发挥着信用中介、支付中介、信用创造和金融服务的基本职能。

商业银行具有现代企业的基本特征，与工商企业一样，追求盈利是商业银行生存发展的基本动力，商业银行也需要自有资金，独立核算，自负盈亏。商

业银行不同于一般工商企业表现在：

（1）一般工商企业经营一般商品即物质产品和劳务，商业银行则经营货币和货币资本这种特殊商品，商业银行以金融资产和金融负债为经营对象，从事包括货币收付、借贷及各种与货币有关的金融服务。

（2）商业银行对社会经济的影响远远大于一般的工商企业。商业银行与工商企业、政府部门、居民家庭有密切的资金借贷关系，在相当程度上制约和影响后者的经济活动和经营范围；商业银行是金融机构中唯一能接受活期存款的机构，对全社会的货币供给具有重要影响；政府实施财政政策、货币政策、产业政策都需要商业银行的密切配合。

（3）商业银行承担的社会责任不同于一般工商企业，一般工商企业主要对股东和客户负责，商业银行需要承担更多社会责任。

商业银行是一国金融体系中的特殊组成部分，与中央银行相比，商业银行不属于金融管理机构，与非银行金融机构相比，商业银行属于银行类金融机构，与其他银行类金融机构相比，商业银行的业务更综合，功能更齐全，堪称金融百货公司。

商业银行作为特殊的金融企业，在经营管理过程中通过遵循“安全性、流动性、盈利性”的“三性”原则，来实现利润最大化的管理目标。

### （一）安全性目标

商业银行追求的利润最大化，是在综合考虑面临的各种风险、保证经营安全基础上的收益状况。实现安全性目标要求商业银行在管理活动中要保持足够的清偿能力，使客户对银行有坚定的信心。商业银行自有资本较少，主要依靠负债经营，因此对风险比较敏感。商业银行由于其经营内容的特殊性，面临的风险广，种类多，不仅有经营风险，还广泛存在信用风险、利率风险、汇率风险、市场风险、资本风险、流动性风险等等。实现安全性目标，商业银行必须科学管控风险，加强风险的识别、统计测度和预警。

商业银行之所以比一般工商企业更加强调安全性，还在于商业银行不直接从事物质产品的生产和流通，银行贷款和投资取得的利息收入，只是产业利润的一部分，如果银行不利用较多的负债来支持其资金运用，那银行的资本利润率就会低于工商企业的资本利润率。银行的资产和负债既受到经济活动中各种复杂因素的影响，又要接受中央银行和政府的管控，资金成本、资金价格变动不拘，在不确定的经济环境中求生存、求发展，商业银行必须对各种风险因素进行细致分析，尽可能避免各种风险损失，保证经营活动的安全性。

（二）流动性目标

商业银行追求利润最大化，就要实现一定的流动性目标。流动性有两层含义，即资产的流动性和负债的流动性，银行资产能在不受损失的前提下随时变现，或者能随时以合理的成本吸收各种存款和其他所需资金，银行的流动性就是合适的。商业银行把本应作为流动资产的资金投放到盈利性资产中，虽然短期内会增加盈利，但如果出现流动性需求，或者出现高盈利资产投放机会，业已投放在盈利资产上的资金不能或不能以合理的价格及时抽回，银行就会因为没有保持足够的流动性而失去盈利机会。

流动性过高或过低都不好，商业银行管理中要对流动性需求做正确的统计测算。影响商业银行流动性的因素很多，通常设置统计或会计指标加以衡量，包括：(1) 资产类流动性指标，如头寸比例、贷款占总资产比率等；(2) 负债类流动性指标，如存款占总负债的比率、预期存款变动率等；(3) 资产负债综合性指标，如贷款占存款的比例、存款增长率与贷款增长率之比等等。

（三）盈利性目标

对盈利目标的追求，是商业银行企业性质的集中体现。商业银行的收入包括利息收入、投资收入和手续费佣金收入等，支出则包括利息支出、贷款与投资损失、工资等各种营业支出等等。实现盈利性目标，就要千方百计扩大收入、减少支出。一要通过扩大资产负债总量、调整资产负债结构、运用利率杠杆实现利差管理；二要加强对贷款和投资项目的监控管理，减少贷款和投资损失；三要加强经济核算和内部控制，节约和降低管理费用；四要拓展业务范围，增加服务收入。

## 二、商业银行管理的基本内容与发展演变

商业银行实现“安全性、流动性、盈利性”管理目标，在不同的历史时期，有不同的具体内容，因此形成的管理理论有一个历史的演变过程。

20 世纪 60 年代以前，资产管理理论在商业银行管理理论中占主导地位。

这一时期，商业银行资金来源渠道单一，数量也比较稳定，资金运用渠道也比较狭窄。资产管理理论认为，商业银行资金来源的规模和结构取决于客户存款的意愿和能力，金融市场欠发达，银行无法主动扩大资金来源，因此银行管理的重点就在于通过对资产规模和结构的管理保持合理的流动性。资产管理理论推动了资产业务的不断发展，其中的商业贷款理论、资产转换理论、预期收入理论相互补充，各有侧重，为商业银行资产管理提供了新思路和新方法。

20 世纪 50 年代和 60 年代，商业银行资金来源渠道单一的状况有所改变，欧洲货币市场迅速崛起，同业拆借渐趋于流行，花旗银行成功创造大额可转让定期存单（CD），这些变化都为商业银行提供了多样化的融资工具，于是商业银行只要有好的贷款项目和投资目标，就可以积极去扩大资产规模，而没有必要保持大额的高流动性资产，必要时商业银行可以通过发行大额可转让定期存单、同业拆借等主动负债方式筹集资金。在这种背景下，商业银行管理的重点转向负债管理。负债管理理论增强了商业银行扩大信贷规模、提高盈利能力的主动性，商业银行可以根据资产需要来调整或组织负债，可以通过主动负债来壮大资金实力和市场竞争力。

资产管理理论关注安全性、流动性目标，却以牺牲一定的盈利为代价，负债管理理论通过资产扩张追求盈利，又使流动性风险过多依赖于外部环境，降低了安全性。20 世纪 70 年代以后，随着西方国家取消或放松利率管制，利率自由化和金融创新浪潮的出现，银行资产和负债品种增多，商业银行开始强调资产与负债并重，综合管理资产和负债的规模结构、期限结构、利率结构和风险结构，通过分析和调整资产及负债双方在规模、期限、利率、风险方面的差异，达到合理匹配，在保证资产和负债流动性的前提下追求利润最大化。这种资产负债管理理论顺应了商业银行面临的经营环境的变化，是对原有商业银行管理理论的一种扬弃。

## 第二节 统计方法在商业银行管理中的应用

### 一、统计方法体系及其性质特点[①]

统计学是有关如何测定、收集和分析反映客观总体数量的数据，以便给出正确认识的方法论科学。随着社会经济的发展和科学技术的进步，统计应用的领域越来越广，统计已经成为人们认识世界不可或缺的重要工具。

现代统计学可以分为两大类：一类是以抽象的数量为研究对象，研究一般的收集数据、分析数据方法的理论统计学；另一类是以各个不同领域的具体数量为研究对象的应用统计学。理论统计学具有通用方法论的理学性质，其特点是计量而不较质；应用统计学则与各不同领域的实质性学科有着非常密切的联系，是有具体对象的方法论，因而具有交叉性学科或边缘学科的性质。所谓应用，既包括一般统计方法的应用，也包括各自领域实质性科学理论的应用。经济与管理统计学是以社会经济数量为对象的应用统计学。要在经济和管理领域应用统计方法，必须解决如何科学地测定经济现象即如何科学地设置指标的问题，这就离不开对有关经济现象的质的研究。要对经济和管理问题进行统计分析，也必须以有关经济和管理的理论为指导。因此，经济与管理统计学的特点是在质与量的密切联系中，研究事物现象的数量表现、数量联系和数量规律。不仅如此，由于社会经济现象所具有的复杂性和特殊性，经济与管理统计学除了要应用一般的统计方法外，还需要研究自己独特的方法，如核算的方法、综合评价的方法等等。

### 二、商业银行管理统计的研究对象与基本内容

商业银行管理统计是商业银行管理与统计学两门学科交叉融合形成的一门新的边缘学科，她应用统计学方法，研究商业银行管理实践中的统计问题。商业银行管理是指对商业银行经营活动进行计划、组织、指挥、协调和控制等一

① 引自曾五一：《经济与管理类统计学系列教材》总序。

系列活动的总称，商业银行管理既包括负债业务、资产业务、中间业务、国际业务等专项业务管理，也包括风险管理、绩效管理、经济资本管理等综合管理，无论专项业务管理还是综合管理，统计方法在管理实践中均得到广泛使用。商业银行管理实践中使用的统计方法，既包括经济管理统计等应用统计学方法，也包括理论统计学方法。经济管理统计方法计量也较质；理论统计学方法则在一定假设条件下，通过模型的建立、估计和检验，分析不同类型的银行管理问题。

商业银行管理统计包括专项业务管理统计和综合管理统计，专项业务管理统计包括负债业务管理统计、资产业务管理统计、中间业务管理统计、国际业务管理统计等等，综合管理统计包括风险管理统计、资本管理统计、商业银行绩效评价、商业银行竞争力评价等等。鉴于负债与资产业务是商业银行的最基本的业务，而就统计方法的应用而言，中间业务和国际业务与商业银行的资产负债业务、综合管理业务并无明显区别，本书对中间业务管理统计、国际业务管理统计不设专章讨论。

# 第二章

# 商业银行负债与资产业务管理统计

负债与资产业务是商业银行业务中最基础和最主要的业务品种，构成商业银行传统业务的两大支柱，成为商业银行的特征。改善和加强商业银行负债与资产业务管理统计，具有重要意义。

## 第一节 商业银行负债管理统计

### 一、商业银行负债管理业务

商业银行负债管理指银行从存款和其他债权人处吸收资金和管理资金结构而作出的各项安排。虽然银行可以通过不同的方式获取所需资金，但不同筹资方式的成本和风险有差异，从而影响商业银行的经营风险和盈利水平。商业银行的负债主要由存款、借入款和其他负债三个方面的内容构成，由于各国金融市场发育程度以及金融体制的差异，各国负债结构不尽相同。

#### （一）活期存款、定期存款和储蓄存款是商业银行的传统存款业务

活期存款指可由存户随时存取、转让的存款，没有确切的期限规定，银行

也无权要求客户取款时提前作出书面通知。活期存款主要用于交易和支付用途的款项，是客户取得银行贷款和服务的重要条件，因此，企业、个人、政府机构、非银行金融机构都在银行开立活期存款账户。商业银行千方百计扩大活期存款，把其作为管理重点，主要因为：（1）活期存款虽然营业成本高，但利息成本低；（2）活期存款具有很强的派生能力，此存彼取，时存时取，商业银行总能获得一个稳定的存款余额用于期限较长的高盈利资产；（3）活期存款具有支付手段和流通手段职能。

定期存款是客户和银行事先约定存款期限的存款。存款期限在美国最短为7天，在我国通常为3个月、6个月、1年不等，期限长的也可以是5年或10年。定期存款的利率随存款期限的长短而高低不等，但总是高于活期存款的利率。传统的定期存款使用存款单，而且一般不可转让，不能在金融市场上流通，只是作为到期提取存款的凭证，是存款所有权及获取利息的权利证书。定期存款对客户来说，是一种收入稳定、利率较高、风险较低的投资方式，而对银行来说，定期存款存期长且固定，承担的流动性风险低，中央银行对定期存款的准备金比率也低，从而为银行提供了稳定的资金来源，银行可利用定期存款支持长期放款和投资业务。

关于储蓄存款，国内外指称并不一致。美国把储蓄存款定义为“存款者不必按照存款契约的要求，而是按照存款机构所要求的任何时间，在实际提取日前7天以上的时间，提出书面申请提款的一种账户”。我国的储蓄存款则专指居民个人在银行的存款（分活期和定期两类），政府机关、企业单位的所有存款都不能称之为储蓄存款，公款私存则被视为违法现象。美国式储蓄存款，其流动性介于活期存款和定期存款之间，银行承担的流动性风险大于定期存款而小于活期存款，银行支付的利率亦低于定期存款。

### （二）主要创新存款业务

存款业务创新和开发新的存款工具是商业银行开拓存款市场的重要手段。存款工具创新必须遵循存款的基本特征，新的存款品种总是对存款形式、计息方法、存款期限、提取方式、流通转让等存款要素进行不同的排列组合，新的存款品种能够发挥存款的基本功能，并在存款利率受限制的情况下，扩大存款，争取客户，增强银行的竞争力。金融产品不受专利保护，必须坚持持续创新。

1. 新型活期存款

主要的新型活期存款品种有可转让支付命令账户、货币市场存款账户、协定账户和特种或使用时方需付费的支票存款账户等。

（1）可转让支付命令账户，即 NOW 账户（Negotiable Order Of Withdrawal Account，NOW），是一种计息的新型支票账户（活期存款账户）。NOW 账户由美国马萨诸塞州的互助储蓄银行于 1972 年首创，经国会允许后，所有互助储蓄银行和商业银行均可设立 NOW 账户。NOW 账户以支付命令书代替支票，存款人可以开出可转让支付命令用来向第三者付款，该账户经背书后还可转让，银行按其平均余额支付利息。NOW 账户兼具活期存款和储蓄存款的优点，为存户带来了极大的便利。

超级 NOW 账户是 NOW 账户的延伸，超级 NOW 账户不同于 NOW 账户之处在于其不存在利率上限（5.25% 或 5%），对其存款最低额亦有规定，开户存款最低金额必须达到 2500 美元，账户日常平均余额不得低于 2500 美元，否则按普通 NOW 账户的利率水平计息。

（2）货币市场存款账户（Money Market Deposit Account，MMDA）是活期存款和定期存款的混合产品。货币市场存款账户的出现是商业银行应对非银行金融机构推出货币市场基金的结果，该账户不仅对居民和非营利机构开放，而且对营利机构开放，极大地拓宽了存户基础。该账户下，存户享有联邦存款保险和一定限度的交易账户便利，存户每月最多可办 6 次收付转账，其中 3 次可以使用支票付款，账户因此部分具有活期存款性质。货币市场存款账户没有最短存期的限制，存户取款只需提前一周通知即可。货币市场存款账户适应利率比较灵活，对日常平均余额 2 500 美元以上的账户，没有利率上限限制，且银行可以每周调整，存款余额不足 2 500 美元的账户，则适应 NOW 账户的利率上限。

（3）协定账户（Negotiable Account，NI）。协定账户是一种按一定规定可在活期存款账户、NOW 账户和货币市场存款账户三者之间自动转账的账户。银行为存户开立上述三种账户，对前两种通常规定最低余额。按照银行与存户事先达成的协议，存户的存款若超过最低余额，银行将超出部分自动转存货币市场存款账户，使存户获取货币市场存款账户下的较高存款利息。若存户在前两种账户上的余额低于最低余额，银行亦有权将货币市场存款账户上的部分存款转入前两类账户，以满足银行的最低余额要求。

2. 新型定期存款

主要的新型定期存款品种有可转让大额定期存单、货币市场存单、小储蓄者存单和定活两便存款账户等。各类新型定期存款的发展使定期存款占商业银行资金来源的比重有所提高。

（1）可转让大额定期存单（Negotiable Certificates of Deposits，CDs）是指资金按某一固定期限和一定利率存入银行并可在市场上买卖的票证。和传统定期存款相比，可转让大额定期存单可以自由转让，存在活跃的二级市场，有较好的流通性。由于目标客户是大公司、政府和养老基金会等，这种存单面额通常较大，10 万至 100 万美元的面额居多，最高可达 1 000 万美元。可转让大额定期存单的平均收益高于相同期限的国库券，在高利率时期，两者的收益差距还会扩大，这主要是投资者购买可转让大额定期存单承担了发行银行的信用风险所致。

（2）货币市场存单（MMCD）的目标客户是家庭和小型企业，它为家庭和小型企业获取较高的利息收益提供了方便。货币市场存单（MMCD）是一种不可转让定期存单，期限为半年，最低面额为 1 万美元，银行可向这种存单支付相当于半年期国库券平均贴现率水平的最高利率，但不得比“Q 字条例”规定的银行利率上限高出 0. 25%。

3. 新型储蓄存款

新型储蓄存款的主要品种有电话转账服务（Telephone Transfer Service，TTS）和自动转账服务（Automatic Transfer Service，ATS）、股金汇票账户以及个人退休金账户等。

电话转账服务指存款客户可以在银行同时开立无息的活期存款账户和有息的储蓄存款账户两个存款账户，存款余额通常保留在储蓄账户中以取得利息，而活期存款账户上始终保持 1 美元的存款余额，当存款客户需要开立支票进行支付时，可通过电话通知开户银行，银行会将其所需要的款项从储蓄账户转到支票账户办理转账，完成对第三者的支付。1978 年电话转账服务发展为自动转账服务，节省了电话通知这道程序，提高了效率。电话转账服务和自动转账服务是一种近似于可转让支付命令账户的一种新型结算工具。

### （三）非存款负债

虽然存款负债始终是商业银行的主要负债，但非存款负债由于其主动性、灵活性而受到重视。非存款负债指商业银行通过金融市场筹资或直接向中央银行融资。

1. 短期借入负债

短期借款主要用于调剂头寸和临时性资金周转的需要，但随着银行管理技术的进步，短期借款的连续使用使其实质上被转化为长期资金，发挥长期资金的作用。

（1）同业借款。同业借款是短期借入负债的主要形式之一，同业借款主要包括同业拆借、转抵押和转贴现等形式。

同业拆借指商业银行之间及商业银行与其他金融机构之间相互借贷短期资金的行为。同业拆借产生于存款准备金政策的实施，一般是通过商业银行在中央银行的存款账户进行的，实质上是超额准备金的调剂，在美国称之为联邦基金。

转贴现是商业银行将其贴现收进的未到期票据再向其他商业银行或金融机构进行贴现的资金融通行为。由于转贴现的手续和涉及的关系都比较复杂，一般法规对其有较严格的规定。我国规定转贴现期限最长不得超过6个月，商业票据应以真实、合法的商品交易为基础，转贴现利率由双方自由商定。

（2）向中央银行借款。商业银行向中央银行借款的形式有两种，一是再贴现；一是再贷款。再贴现是指商业银行将其买入的未到期的已贴现过的汇票向中央银行再次申请贴现；再贷款是中央银行向商业银行的信用放款。前者为间接借款，后者为直接借款。在发达的市场经济国家，一般商业票据和贴现业务比较普及，再贴现是商业银行向中央银行借款的主要渠道，但在商业票据并不普及的国家，再贷款就成为商业银行向中央银行借款的主要形式。各国中央银行都是向商业银行提供货币的最后贷款者，为了有效调节社会货币供应，中央银行有义务对商业银行融通资金，但中央银行是否向商业银行放款、何时放款、放多少款，主要取决于货币稳定与金融稳定的考虑。

（3）回购协议借款。回购协议借款是商业银行推行负债储备管理的有力工具之一，回购协议指商业银行在出售证券等金融资产时签订协议，约定在一定期限后按原定价格或约定价格购回所卖证券，以获得即时可用资金，协议期满时再以即时可用资金做相反交易。回购协议所获借款无需提交存款准备金，降低了回购协议借款的实际成本。回购协议中的金融资产主要是证券，我国的回购协议则严格限制于国债，由于回购协议下有政府债券等金融资产作担保，资金需求银行所付的利息稍低于同业拆借利率。同时回购协议的期限弹性好，回购协议的期限虽多为一个营业日，但也有长达几个月的，而且双方可签订连续合同，在协议不产生异议的情况下，协议可自动展期，回购协议因此为商业银行提供了一种比其他可控制负债工具更容易确定期限的工具。

(4) 欧洲货币市场借款。欧洲货币实际上是境外货币，指以外币表示的存款账户。各种主要通货在国际金融中心交易，构成了欧洲货币市场。由于国际贸易大量以美元计价结算，欧洲美元成了欧洲货币市场的主要货币。商业银行可以通过欧洲货币市场筹措到所需要的短期资金，欧洲货币市场既不受交易货币发行国的管制，也较少受到交易国的约束，在税收、利率、法定存款准备金等方面的负担或限制较为宽松，因此商业银行通过欧洲货币市场筹措资金，可以享有较多便利。欧洲货币市场是一个完全开放、富有竞争力的市场，资金供给量大，借款利率由交易双方依据伦敦银行同业拆借利率商定，存款利率较高，贷款利率较低，利差较小，而且调度灵活，手续简便。

2. 长期借入负债

商业银行的长期借款一般是为了满足增加长期资金来源和满足特定用途的资金需求，商业银行的长期借款一般采用金融债券的形式。

金融债券按照发行的直接目的或资金用途，可以分为资本性金融债券、一般性金融债券和国际金融债券。资本性金融债券为了弥补银行资本不足而发行，是介于存款负债和股票资本之间的一种债务，《巴塞尔协议》称之为附属资本或次级长期债务；一般性金融债券指的是商业银行为筹集用于长期贷款、投资等业务资金需要而发行的债券；国际金融债券是指在国际金融市场发行的面额以外币表示的金融债券。

商业银行通过发行金融债券筹集长期资金，所筹资金无需缴纳存款保险金和存款准备金，不受最高利率的限制，还可以发挥对股东收益的财务杠杆作用。

## 二、商业银行负债管理统计

商业银行负债管理统计坚持定性分析与定量分析相结合，立足扩大负债规模，合理控制成本，优化负债结构，增强负债流动性，并在此基础上加强负债风险管理。

这里以成本管理的统计分析为例加以说明。

### （一）负债成本指标

商业银行在进行负债成本统计时，涉及几个口径不一的成本概念：

（1）利息成本。利息成本是商业银行以货币形式直接支付给存款者或债券持有人、信贷中介人的报酬，利息成本的高低依期限的不同而不同。利息成本的计息方式有两种：一是以不变利率计息；二是按可变利率计息。若以不变利率计息，利率波动会给银行负债带来风险，而以可变利率计息，又给银行成本预测和管理增加困难，各有利弊，需要权衡。

（2）营业成本。营业成本是指花费在吸收负债上的除利息之外的一切开支，包括广告宣传费用、银行职员的工资和薪金、设备折旧应摊提额、办公费用及其他为存款客户提供服务所需的开支等。营业成本因负债的种类或形式的不同而有很大区别。

（3）资金成本。资金成本是包括利息在内的花费在吸收负债上的一切开支，即利息成本和营业成本之和。它反映银行为取得负债而付出的代价。用资金成本除以吸收的资金数额，可得资金成本率。资金成本率可以分为某一类负债或资金来源的资金成本率和总资金成本率两种。资金成本率是一个重要的成本分析指标。

（4）可用资金成本。可用资金是指银行可以实际用于贷款和投资的资金，它是银行总的资金来源中扣除应交存的法定存款准备金和必要的储备金后的余额，即扣除库存现金、在中央银行存款、在关联行或往来行的存款及其他现金项目之后的资金。可用资金成本率是指资金成本与可用资金数额之比。这个比率既可以用于各种存款的对比，分析为得到各种可用资金所要付出的代价，也可在总体上分析银行可用资金成本的历史变化情况及比较本行与其他银行可用资金成本的高低。

（5）相关成本。相关成本是指与增加存款有关，但未包括在以上四种成本之中的支出，主要有风险成本、连锁反应成本等。

### （二）平均成本法

商业银行在负债管理统计中，经常需要比较银行各类成本的实际数额，并分析研究其变动情况和变化原因。由于银行资金来源种类较多，银行往往使用加权平均成本法，其计算公式为：

$$\overline{X} = \frac{\sum Xf}{\sum f}$$

式中：f——各类资金来源的数量；X——每种资金的单位成本；$\overline{X}$——银行全部资金来源的单位加权平均成本。

其中，每种资金的单位成本包括利息成本和非利息成本，计算时可将这两种成本加起来再乘以资金数量，也可分别相乘后加总。即：

$$\overline{X} = \frac{\sum (X_1 + X_2)f}{\sum f} = \frac{\sum X_1 f + \sum X_2 f}{\sum f}$$

加权平均成本主要用于对不同的银行各种负债成本的对比分析和同一银行历年负债成本的变动分析等。每项资金来源的历史平均成本等于利息费用率与该项资金来源平均余额的乘积。

加权平均成本的主要缺陷是没有考虑到未来利息成本的变动，当未来利率上升时，历史平均成本就低于新债务的实际成本，这样以历史成本为基础的固定资产收益率就不能弥补成本，从而实现不了利润目标。当未来利率下降时，历史平均成本高于新债务的实际成本，固定利率的贷款价格可能由于高估而出现资产规模扩张困难。但该方法是一个很好的评价银行过去经营状况的工具，用于评价银行过去的经营状况时更能说明银行的支出和利润为什么不同于其他银行。

（三）边际成本法

边际成本是指银行增加一个单位的资金所支付的成本，边际成本是资产定价的重要参考依据。银行在确定资产价格时，只有当新增资产的边际收益大于新增负债的边际成本时，才能获得适当的利润。每项负债都有不同的边际成本，其成本随着市场利率、管理费用和该负债用于补充现金资产的比例变化而变化，这些独立的成本加在一起就可以得出新增资金的加权边际成本。如果已知边际成本，商业银行可以使资产收益率目标适当高出边际成本率，从而保证适当的资产收益率与边际成本之差以弥补违约风险损失和支付股东应得报酬。边际成本也可反映各种负债的相对成本，在确定新增负债的最低费用目标时，当银行资金边际成本一定时，银行只能选择那些边际收益大于边际成本的资产。在边际成本的计算中，一般有资金边际成本和可用资金的边际成本两种口径。

资金的边际成本计算公式为：

$$MC_1 = \frac{\text{新增利息} + \text{新增其他开支}}{\text{新增资金}}$$

如果新增资金中有部分资金需作为必需的储备（现金资产、法定存款准备金等），则新增可用资金的边际成本为：

$$MC_2 = \frac{\text{新增利息} + \text{新增其他开支}}{\text{新增资金} - \text{必要的储备}}$$

例如，某商业银行打算以 NOW 账户支持资产扩张，这些资金的利息成本为5%，其他开支为2%，新增资金的24%用于非盈利资产。此时银行的边际成本可计算如下：

$MC_1 = (5\% + 2\%) / 1 \times 100\% = 7\%$

$MC_2 = (5\% + 2\%) / (1 - 0.24) \times 100\% = 9.21\%$

利用上述方法计算某类资金的边际成本时效果较好，但由于银行的资金来源较多，且各项资金来源的风险各异，因此，采用平均边际成本更能反映银行总体成本的情况（见表2－1）。

表2－1　　某银行资金平均边际成本

| 类　别 | 增加额（亿元）(1) | 可用资金比率（%）(2) | 可用资金额（亿元）(3)＝(1)×(2) | 成本率（%）(4) | 总成本（亿元）(5)＝(1)×(4) |
|---|---|---|---|---|---|
| 活期存款 | 3 | 78 | 2.34 | 6 | 0.18 |
| 货币市场账户 | 6 | 94 | 5.64 | 8 | 0.48 |
| 定期存单 | 2 | 94 | 1.88 | 10 | 0.20 |
| 其他定期存款 | 4 | 94 | 3.76 | 7.8 | 0.312 |
| 资本 | 1 | 97 | 0.97 | 25 | 0.25 |
| 总计 | 16 | | 14.59 | | 1.422 |

平均边际成本率＝1.422÷16×100%＝8.89%

可用资金边际成本率＝1.422÷14.59×100%＝9.75%

根据计算可知，如果银行的新增资产能够获得高于9.75%的收益率，则新增资金的结构是可取的，否则要放弃资产的扩张，或改变资金的成本结构。

## 第二节
## 现金资产与流动性管理统计

### 一、商业银行现金资产的分类

现金资产为商业银行提供了最基本的流动性供给，商业银行为了保持清偿力和获取更有利的投资机会，必须持有一定比例的现金资产，并对其进行科学管理。

狭义的现金资产指商业银行的库存现金，而一般意义上的现金资产包括现金和准现金，是广义的现金资产，具体分四类。

#### （一）库存现金

库存现金是指商业银行保存在金库中的现钞和硬币，主要作用是应付客户提现和银行本身的日常零星开支。库存现金需要量与交易习惯、电子支付等多元化支付方式的普及程度有关，西方国家早已进入支票、信用卡等支付方式的时代，库存现金的持有量较少，而我国支付方式比较单一，大部分居民消费采用现金结算和支付，所以商业银行必须储备大量的库存现金。

#### （二）在中央银行存款

指商业银行存放在中央银行的资金，即存款准备金，由两部分构成，一是法定存款准备金；二是超额准备金。法定存款准备金是按照法定比例向中央银行缴存的存款准备金，它已经演变成中央银行调节信用的一种政策工具，在正常情况下一般不得动用，缴存法定比例的准备金具有强制性；超额存款准备金则是指在存款准备金账户中，超过了法定存款准备金的那部分存款，超额存款准备金是商业银行的可用资金，其多寡直接影响商业银行的信贷扩张能力。

#### （三）存放同业存款

存放同业存款是指商业银行存放在代理行和相关银行的存款，在其他银行保持存款的目的，是为了便于在同业之间开展代理业务和结算收付。由于存放同业的存款属于活期存款性质，可随时支用，因此视为商业银行的现金资产。

（四）在途资金

在途资金也称托收未达款，指在银行间确认与转账过程中形成的票据金额。当个人、企业或政府部门将其收到的支票存入银行时，那些由他行客户付款的支票款项是不能立即调动的，而必须经过票据交换，由出票银行确认支付后，才能提取使用这些款项。商业银行每天都会收到客户提示付款的银行汇票、银行本票等即期票据，商业银行付款后，即可持票向出票人、付款行托收清算资金。由于这类债权的期限很短，同城结算的银行一般不超过两天，异地银行汇票本行代付后，出票银行必须按规定及时划付，所以此类应收款列入商业银行现金资产。

## 二、商业银行流动性需要量的预测

商业银行的流动性是指商业银行满足存款人提取现金、支付到期债以及满足借款人的正常贷款需求的能力。商业银行提供现金满足客户提取存款的要求和支付到期债务本息，这部分资产成为基本流动性，基本流动性加上为贷款需求提供的资产，就成为充足流动性。

（一）商业银行的基础头寸、可用头寸与可贷头寸

商业银行流动性需要量的预测，实际上就是对商业银行资金头寸的预测。商业银行能够运用的资金称为资金头寸。头寸作为时点数表明的是截止到某一时刻银行尚有多少可以运用的资金，作为时期数则表明在某一时期内银行可以运用的资金的总量。资金头寸可以按不同的口径加以计算。

基础头寸是指商业银行的库存现金与在中央银行的超额准备金之和，即：

基础头寸 = 商业银行库存现金 + 在中央银行的清算存款

基础头寸的两部分资金之所以称为基础头寸，不仅因为它们两者都是商业银行随时可以动用的资金，而且它们还是银行一切资金清算的最终支付手段，无论客户存款的提取和转移，还是对同业和中央银行的资金清算，都需通过基础头寸来进行。

商业银行的可用头寸指银行可以动用的全部可用资金，包括基础头寸和银

行存放同业的存款。

可用头寸 = 基础头寸 + 准备金缴存款调整额 + 上级行调入调出额

可用头寸可能大于基础头寸，也可能小于基础头寸，基础头寸多考核时点数，而可用头寸多考核时期数。

所谓可贷头寸，是指商业银行在某一时期可直接用于贷款、投资的资金，它是形成银行盈利性资产的基础，数量上等于全部可用头寸减去规定限额的支付准备金之差。可贷头寸来自商业银行的超额准备金，但又不等同于超额准备金，因为超额准备金首先要满足各项资金清算的需要，只有超过正常周转需要限额部分的超额准备金才是可贷头寸。

### （二）商业银行流动性需要量（资金头寸）的预测

商业银行的流动性需求是指客户对银行提出且银行必须立即兑现的现金要求。对于银行流动性需求的预测，银行界目前主要通过对存款和贷款的数量以及对应关系的分析来实现。

1. 因素法

因素法通过对未来某一段时间内存贷款及应缴准备金变化情况，来判断预测期内的流动性需要量。因素法基于银行业务经营中的两个基本事实：一是存款增加、贷款减少会减少银行的流动性需求；二是存款提取、贷款增加会增加银行的流动性需求。

一般而言，影响存贷款变化的因素除了宏观经济金融运行状况和货币政策外，还有微观个体的行为特征及主观偏好等。根据国民经济发展和个体金融行为的有关信息，银行通过对各种因素变动趋势的数量分析，估计未来一年中每个月的存贷款变化情况和应缴准备金变化情况，在此基础上，预测每个月流动性需要量。在一定时期内，商业银行所需要的资金头寸用公式表示为：

头寸需要量 = 全部存款的预期变化 - 存款准备金的预期变化 - 预计全部贷款的预期变化

例如，表 2 - 2 是某银行资金头寸需要量的测算表，银行根据其未来存贷有关信息预测其未来一年中每个月的资金需要量。

表 2-2 某银行资金头寸需要量预测 单位：百万元

| 月份 | 存款总额 | 存款的变化 | 所需准备金的变化 | 贷款总额 | 贷款的变化 | 资金头寸盈余（+）或赤字（-） |
|---|---|---|---|---|---|---|
| 12 | 693 | | | 451 | | |
| 1 | 687 | -6 | -0.6 | 456 | 5 | -10.4 |
| 2 | 689 | 2 | 0.2 | 459 | 3 | -1.2 |
| 3 | 686 | -3 | -0.3 | 456 | -3 | 0.3 |
| 4 | 691 | 5 | 0.5 | 465 | 9 | -4.5 |
| 5 | 706 | 15 | 1.5 | 457 | -8 | 21.5 |
| 6 | 720 | 14 | 1.4 | 445 | -12 | 24.6 |
| 7 | 715 | -5 | -0.5 | 430 | -15 | 10.5 |
| 8 | 716 | 1 | 0.1 | 441 | 11 | -10.1 |
| 9 | 755 | 39 | 3.9 | 441 | 0 | 35.1 |
| 10 | 735 | -20 | -2 | 461 | 20 | -38 |
| 11 | 738 | 3 | 0.3 | 475 | 14 | -11.3 |
| 12 | 743 | -5 | -0.5 | 486 | 11 | -15.5 |

注：表中存款准备金按10%的比例计算。

从表2-2可以看出，该银行在1月份预计存款要下降，而贷款要上升，这一个月银行会出现支出大于收入，即出现流动性缺口1 040万元。而在5—7月贷款下降较多，使这几个月出现了较大金额的资金头寸。从10月份开始，银行贷款的现金支出有大量增加，出现支出大于收入的情况，头寸又出现不足，流动性缺口分别达3 800万元、1 130万元和1 550万元。针对头寸预测表中测算的未来银行资金头寸余缺状况，银行管理者就应当采取措施，积极调度头寸。当头寸过剩时，应设法将资金头寸运用出去，而当头寸不足时，应当从金融市场上筹措新的资金来满足流动性的需要。

商业银行存贷款变化可以通过平面直角坐标系加以直观显示，先看存款变化。通常，横轴表示时间，纵轴表示存款量。我们把存款分为三类：第一类是一定会提取的存款，如到期不能自动转期的定期存款和金融债券，这类存款因为有契约，所以可以准确预测；第二类是随时可能提取的存款，如活期存款；第三类是可能会提取的存款，如定活两便存款、零存整取存款，以及到期可以自动转存的存款等，这类存款有可能提取，但又不能确定。存款预测的对象主要是后两类，我们把它们称作易变性存款。在图 2－1 中，我们把存款的最低点连接起来，就形成了核心存款线，核心存款稳定性较强，正常情况下没有流动性需求。银行存款的流动性需求通过易变性存款曲线来反映。虽然，这一曲线只是大致反映存款的变化，但可以为存款周转金的需要量决策提供一个重要的依据。

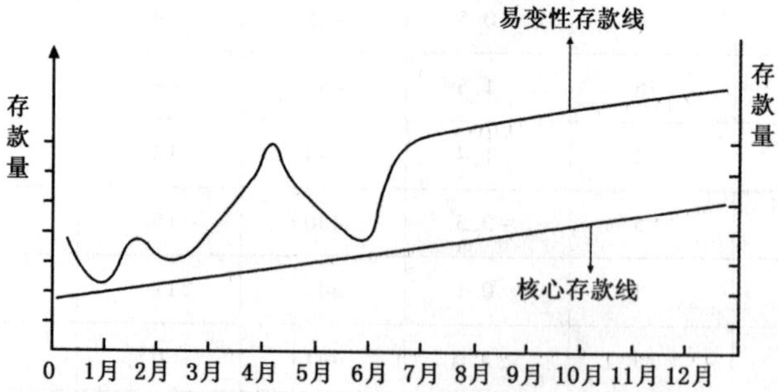


**图 2－1　存款变化趋势**

商业银行贷款需求的变化不同于存款的波动。从理论上讲，银行贷款的主动权掌握在银行自己手中，银行只能在有头寸的情况下才能发放贷款。但在实践中，情况往往不是这样。因为，首先，贷款能否到期归还，往往不取决于银行，而更多地取决于客户有无还款能力和还款意愿，即使有合同约束，贷款也不一定能够按期归还；其次，对于新的贷款需求，虽然银行有权拒绝，但在金融市场竞争激烈的情况下，银行一般不会轻易地去拒绝一个具有合理资金需要的客户。因此，从某种程序上来说，银行贷款对于银行来讲也是被动的。正因如此，银行也必须对贷款的变化作出预测，以做到有备无患。

图 2－2 中的贷款变化趋势线由贷款需求的最高点连接而成，它表示商业银行贷款需要量的变化趋势。而波动线则在趋势线以下，表示不同点上贷款需要量变化的幅度和期限。在一定时期内低于上限的贷款数，是商业银行为满足季节性和周期性变化需要应持有的可贷头寸。

2. 资金结构法

资金结构法主要从存款的构成结构角度，预测银行的存款部分的流动性需求，在与贷款需要量加总后便得到全部流动性需要量。

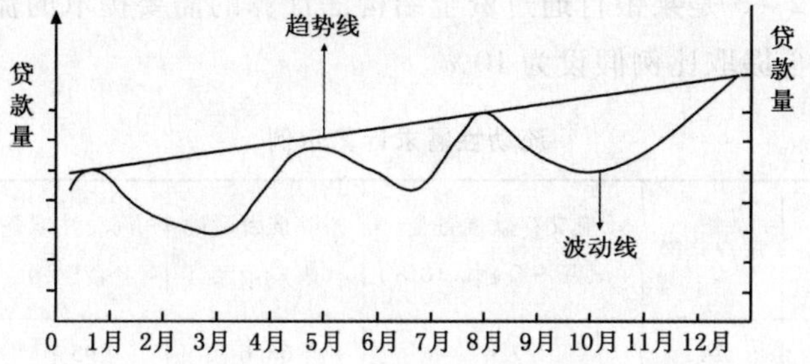


**图 2-2　贷款变化趋势**

资金结构法的计算步骤：

（1）以存款稳定程度为标志，划分银行存款或负债的基本类型。这里的存款构成结构，不是以期限、利率等因素作为分类标志的，而是根据被提取的可能性，将存款或负债分为三类：即对利率变动敏感的存款和各种借入款，称为游动性负债；近期内可能会被客户提取或者被要求偿付的存款或负债，称为脆弱性负债；被提取可能性极小、可以被银行在较长时期内使用的资金，称为核心负债。

（2）从资金来源中分别提取流动性资金准备。一般为流动性要求较强的负债保留较多的准备金：游动性负债为 95%；脆弱性负债为 30%；核心负债为 15%。

（3）计算银行负债应该保持的总流动性准备。上述三种不同类型的存款，被客户提取的可能性不同，银行为其提取的存款准备金也有相应区别。

存款及非存款负债的总流动性准备 = 95% ×（游动性负债 - 法定存款准备金）+30% ×（脆弱性负债 - 法定存款准备金）+15% ×（核心负债 - 法定存款准备金）

（4）计算贷款的流动性准备。银行不能忽略客户合理的贷款需求，即使银行的流动性不足或短缺，银行也要从客户的角度出发，通过资产变现或货币市场借款等途径满足优质客户的贷款需求。银行发放贷款的着眼点不仅在于可以获得利息收入，也在于发放贷款可以留住客户的存款，并且银行可以通过提供其他金融服务获得收入。因此，根据客户关系原则，银行对于新增优质贷款需求通常保持 100% 的流动性准备。

（5）计算银行的总流动性需求。将存款及非存款负债的总流动性准备与贷款的流动性准备相加，可以得到银行的总流动性需求。

总流动性需求 = 存款及非存款负债的总流动性需求 + 贷款的流动性需求

例如：表 2－3 是某银行通过资金结构法计算的需要提取的流动性准备金，其中法定准备金提取比例假设为 10%。

**表 2－3　流动性需求计算示例**　　单位：百万元

| 账　　户 | 账户余额 | 应交存款准备金（＝账户余额×10%） | 扣除准备后的账户余额 | 流动性准备金比例 | 提取流动性准备 |
| --- | --- | --- | --- | --- | --- |
| 游动性负债 | 74 | 7.4 | 66.6 | 95% | 63.27 |
| 脆弱性负债 | 60 | 6 | 54 | 30% | 16.20 |
| 核心负债 | 280 | 28 | 252 | 15% | 37.80 |
| 新增贷款 | 45 | | | 100% | 45.00 |
| 流动性准备金合计 | | | | | 162.27 |

计算如下：

总流动性需求＝95%×（74－7.4）＋30%×60－6）＋15%×（280－28）＋100%×45
＝162.27（百万元）

3. 概率分析法

在银行业务经营实践中，所面临的流动性需求是不确定的，银行必须对各种可能发生的情况作出概率估计。

**表 2－4　用概率分析法预测银行流动性需求**　　单位：百万元

| 下周可能的流动性状况 | 下周预期存款 | 下周预期贷款 | 下周预期流动性缺口 | 状况出现的概率 |
| --- | --- | --- | --- | --- |
| 最好状况（最大存款，最小贷款） | 170 | 110 | ＋60 | 15% |
| 最可能状况 | 150 | 140 | ＋10 | 60% |
| 最坏状况（最小存款，最大贷款） | 130 | 150 | －20 | 25% |

流动性需求 $= 0.15 \times 60 + 0.6 \times 10 + 0.25 \times (-20)$

$= 10$（百万元）

因此，银行应为下周可能出现的1 000万元流动性盈余作出安排，以合理运用资金，实现利润最大化。当然，对于可能出现的极端情况，银行也不能视而不见，而应制订可能性计划为最糟情况的预案。

4. 流动性指标体系方法

流动性指标体系能够反映一家银行整体的流动性状况，银行可以通过自身的流动性指标值与同行业的平均水平的对比，来估算其流动性需求。

流动性指标体系方法一般包括以下指标：

（1）现金比率＝（现金＋同业存款）/总资产

现金是商业银行流动性最高的资产，现金比率是衡量商业银行流动性的正向指标。

（2）流动证券比率＝政府证券/总资产

短期政府债券能兼顾流动性和效益型，是商业银行流动性较高的资产，流动证券比率是衡量商业银行流动性的正向指标。

（3）无风险资产比率＝（现金＋同业存款＋政府证券）/总资产

无风险资产比率是衡量商业银行流动性的正向指标；

（4）同业拆借净值比率＝（同业拆出－同业拆入）/总资产

该指标体现商业银行之间在流动性方面的协作状况，是衡量商业银行流动性的正向指标。

（5）流动资产比率＝（现金＋政府证券＋同业拆借净值）/总资产

流动资产比率是衡量商业银行流动性的正向指标。

（6）能力比率＝贷款和租赁净额/总资产

由于贷款和租赁是银行流动性最差的资产，该指标是衡量商业银行流动性的逆向指标。

（7）游资比率＝货币市场资产/货币市场负债

这里的货币市场资产一般包括现金、短期政府证券、同业拆借、回购协议等，货币市场负债则一般包括大额定期存单、欧洲美元存单、同业拆借、回购协议等。游资比率反映银行通过增加短期资产来满足其短期负债的能力，是衡量商业银行流动性的正向指标。

（8）短期投资比率＝（短期同业存款＋同业拆出＋短期证券）/总资产

短期投资比率是衡量商业银行流动性的正向指标。

（9）短期投资与敏感性负债比率 = 短期投资/敏感性负债

这里的敏感性负债指各种对利率敏感的资金来源，如同业拆借、回购协议证券等，短期投资与敏感性负债比率越高，表明银行的流动性能力越强。

（10）核心存款比率 = 核心存款/总资产

核心存款比率越高说明银行的流动性要求越低，核心存款比率是衡量商业银行流动性的正向指标。

（11）存款期限结构比率 = 活期存款/定期存款

存款期限结构比率是衡量商业银行流动性的逆向指标。

（12）交易性存款比率 = 交易性存款/非交易性存款

交易性存款包括具有签发指标功能的交易账户，非交易性存款是以储蓄为目的的存款账户。交易性存款比率是衡量商业银行流动性的逆向指标。

## 第三节 贷款业务管理统计

### 一、商业银行贷款业务管理

贷款是商业银行将组织到的资金，以还本付息为条件，按照一定的政策和程序，约定利率和期限，将货币资金有偿提供给借款者的资金利用形式。贷款是商业银行主要的盈利性资产，是实现利润最大化目标的主要手段。

#### （一）贷款分类

从银行贷款业务管理的需要出发，可以选择不同的分组标志对银行贷款进行分类。

按贷款期限分类，商业银行贷款可分为活期贷款、定期贷款和透支三类。按贷款期限分类有利于监控贷款的流动性和资金周转状况，保持信贷资产业务与负债业务在期限上的匹配，保证银行经营的安全性。活期贷款在贷款时不确定偿还期限，可以随时由银行发出收回贷款的通知，通常用于商业银行分支机构之间或总分行之间的资金调剂。定期贷款具有固定的偿还期限，按偿还期限的长短，又分为短期贷款、中期贷款和长期贷款，定期贷款流动性较差。透支是指存款人或信用卡人因急需资金而在银行授予的限额内支用超过存款一定数量货币的信用活动，透支有存款账户透支和信用卡透支两种，透支实质上也是银行的一种贷款。

按银行贷款的保障条件分类，商业银行贷款可分为信用贷款、担保贷款和票据贴现等。这种分类可以分析借款人的财务状况和资信情况，据以选择不同的贷款方式，有效管控贷款风险。信用贷款是指银行完全凭借客户的信誉而发放贷款，一般只向熟悉的大公司客户提供，而且收取较高利息。担保贷款指保证贷款、抵押贷款、质押贷款。票据贴现则是指贷款人以购买借款人未到期商业票据的方式发放的贷款。

按贷款的偿还方式分类，商业银行贷款可分为一次性偿还贷款和分期偿还贷款两种，这种分类可以分析银行头寸的变化趋势，加强对应收利息和贷款的预警管理。

按银行发放贷款的自主程度分类，商业银行贷款可分为自营贷款、委托贷款和特定贷款。自营贷款指商业银行以合法方式筹集的资金自主发放的贷款，贷款风险及贷款本金、利息的回收责任均由银行自己承担。委托贷款是由政府部门、企事业单位及个人等委托人提供资金，由银行（受托人）根据委托人确定的贷款对象、金额、期限、利率、用途等代为发放，监督使用并协助收回的贷款，银行不承担风险责任，只收取手续费。特定贷款在我国是指经国务院批准并对贷款可能造成的损失采取相应的补救措施后责成国有独资商业银行发放的贷款。

按银行发放贷款的用途分类，商业银行贷款可根据贷款对象的部门分为工业贷款、商业贷款、农业贷款、科技贷款和消费贷款，也可根据具体用途分为流动资金贷款和固定资金贷款。这种分类有利于商业银行安排贷款顺序，优化贷款结构。

按贷款质量分类，商业银行贷款可分为正常贷款、关注贷款、次级贷款、可疑贷款和损失贷款。这种分类有利于准确反映贷款的实际价值和风险程度，发现贷款发放、管理、催收以及不良贷款管理中存在的问题，为判断呆账准备金是否足额充分提供依据。

### （二）贷款政策与贷款程序

贷款政策是指商业银行指导和规范贷款业务、管理和控制贷款风险的各项方针、措施和程序的总和。贷款政策一般包括以下几个方面的内容：（1）贷款业务发展战略；（2）贷款工作规程与贷款的权限划分；（3）贷款的规模与贷款比例控制；（4）贷款的种类结构及地区结构；（5）贷款的担保；（6）贷款定价；（7）贷款档案管理政策；（8）贷款的日常管理与催收制度；（9）不良贷款的管理。

商业银行的贷款业务是在一定的内外部经济环境下进行的，因此贷款政策的内容必须与这种内外部经济环境相适应。商业银行贷款政策的制定，一般要考虑以下几个因素：一要考虑国家的法律法规和宏观经济政策，使商业银行的贷款业务合法合规，符合国家财政、货币和产业政策的要求，能实现较好的经济效益；二要考虑银行自身的资本金状况以及负债结构状况，资本实力强、核心资本比率高，负债规模结构稳定，银行承担贷款风险的能力就较强；三要考虑服务地区的经济条件和经济周期，经济决定金融，银行所在地区的经济状况对银行贷款政策有直接影响；四要考虑银行人力资源状况，信贷人员的能力、经验和责任心，与承担的贷款业务要相适应。

为了保证贷款业务操作的规范化，实现贷款安全，贷款政策必须明确贷款程序。对于任何一笔贷款，都必须遵循以下工作程序：（1）贷款申请，凡符合借款条件的借款人，在银行开立结算账户、与银行建立信贷关系之后，如果出现资金需要，都可以向银行申请贷款；（2）贷款调查，了解借款申请书内容的真实性、完备性，借款的合法性、盈利性等；（3）对借款人的信用评估，包括对借款人的领导能力、经济实力、资金结构、履约情况、发展前景等因素，评定信用等级；（4）贷款审批，根据贷款审批制度进行贷款决策；（5）借款合同的签订和担保；（6）贷款发放；（7）贷款检查，即对借款人的资信状况进行跟踪调查；（8）贷款收回。

## 二、贷款定价分析

贷款价格的高低直接影响银行信贷资产的盈利能力，科学定价对于实现贷款经营中收益与风险的匹配，对于争取更多客户、扩大市场份额，增强市场竞争力，具有十分重要的意义。

### （一）商业银行贷款价格的影响因素分析

商业银行贷款价格由贷款利率、贷款承诺费、补偿余额和隐含价格构成，主要受信贷资金供求状况等因素的影响。

1. 信贷资金供求状况

贷款需求是指借款人某一时期希望从银行取得贷款的数量，贷款供给是指所有银行在该时期能够提供的贷款数量。贷款作为一种金融商品，其供需状况是决定贷款价格的一个基本因素。当贷款供大于求时，贷款价格应当降低；当贷款供不应求时，贷款价格应当适当提高。

2. 资金成本

影响贷款价格的资金成本有两个计算口径：一是资金平均成本；二是资金边际成本。前者不考虑未来利率、费用变化，在资金来源的构成、利率、费用不变的情况下，适合作为贷款定价的依据；后者指银行每增加一个单位的可投资资金所需要花费的利息、费用额，反映未来新增资金来源的成本，适合作为资金来源结构变动、市场利率条件下贷款定价的依据。

3. 贷款费用

商业银行向客户提供贷款，需要在贷款之前和贷款过程中投入大量的人力、物力和财力，比如进行信用调查，对担保品的鉴定、估价，对贷款所需材料的整理、归档，都会发生费用支出，这些费用应该作为贷款价格的影响因素在贷款定价时予以考虑。

4. 贷款风险程度

一笔贷款的风险程度受多种复杂因素的影响，如贷款的种类、用途、期限、贷款保障、借款人信用、财务状况、客观经济环境的变化等等，不同风险程度的贷款，银行为其花费的管理费用或对可能发生的损失的补偿费用也不同，银行在贷款定价时必须考虑贷款的风险成本。

5. 银行贷款的目标收益率

利润是价格的组成部分，贷款定价必须考虑商业银行的盈利目标。贷款是商业银行主要的资金运用项目，贷款收益率目标的实现与否，关乎银行总体盈利目标的实现。

6. 贷款的非利息收入

银行在贷款业务中除了利息收入，还有一些非利息收入，这些非利息收入可以作为银行目标收益的一个调整项目，当非利息收入很高时，贷款定价可适当下调。这里的非利息收入包括循环信贷中的承诺费，补偿余额以及利润分享等。

7. 借款人与银行的关系

借款人和银行的业务关系与贷款定价有关，那些在银行有大量存款，广泛使用银行提供的各种金融服务，并长期有规律的借用银行贷款的客户，在贷款定价时可以适当予以优惠。

### （二）成本加成贷款定价法（The Cost - Plus Loan - Pricing Method）

成本加成贷款定价法是以借入资金的成本加上一定的利差来决定贷款利率的方法，成本加成贷款定价法认为，任何商业性贷款，其价格应包括四个部分：(1) 银行筹集可贷资金的成本；(2) 银行的非资金性经营成本（包括贷款人员的工资，以及贷款发放、贷款管理过程发生的管理成本）；(3) 由于贷款可能发生的违约风险而对银行作出的必要补偿；(4) 每笔贷款的预期利润。

因此成本加成贷款定价法可用如下公示表示：

贷款利率 = 筹集可贷资金的成本 + 非资金性银行经营成本 + 预计补偿违约风险的成本 + 银行预期的利润

例如，假设某企业要求某银行给予 300 万美元的银行贷款，若该银行为了筹集这笔资金，需要以 9% 的利率发行存单。银行通过调查分析，预计发放及管理这项贷款的非资金经营成本大约为 300 万美元的 2%，为了补偿该笔贷款可能发生违约风险的损失为 2%，银行目标利润水平为 1%，那么该笔贷款的利率应该是多少？

贷款利率 = 9% + 2% + 2% + 1% = 14%

这样银行就以 14% 的利率水平来发放这笔贷款。

成本加成贷款定价法需要银行有一个较为完备的成本核算系统，对银行成本管理提出了较高要求。同时，成本加成贷款定价法忽略了影响贷款价格的外部因素，比如没有考虑当前资金市场的一般利率水平，没有考虑同业竞争等，因而可能导致客户流失、贷款市场萎缩等不利后果。

### （三）价格领导模型[①]定价法（The Price Leadership Model）

成本加成贷款定价法假定银行能够精确地计算成本，并将其分摊到各项业务中，而且这种定价方法以银行为中心，没有考虑竞争因素，价格领导模型定价法试图克服成本加成贷款定价法的这些局限。价格领导模型定价法以若干银行统一的优惠利率为基础，同时考虑违约风险补偿和期限风险补偿。对某笔特定贷款来说，其贷款利率可由下式确定：

① 寡头厂商之间一种常见的非正式串谋行为。

贷款利率 = 优惠利率（包括各种成本和银行预期利润）+ 违约风险溢价 + 期限风险溢价

式中优惠利率是银行对信用等级最高的大公司提供的短期流动资金贷款的最低利率，违约风险溢价是对非基准利率借款人收取的费用，期限风险溢价则是对长期贷款的借款人所收取的费用。

确定风险溢价是贷款定价中的关键环节，经过分析，美国金融学家科普兰提出如表 2-5 所示建议，可供参考。

表 2-5　风险等级及风险溢价专家建议

| 风险等级 | 风险溢价 | 风险等级 | 风险溢价 |
|---|---|---|---|
| 无风险 | 0 | 特别关注 | 1.5 |
| 风险小 | 0.25 | 次级 | 2.5 |
| 标准风险 | 0.5 | 可疑的 | 5 |

（四）客户盈利分析定价法（Customer Profitability Analysis，CPA）

客户盈利分析定价法把贷款定价纳入到银行与客户的整体业务关系中，将贷款收益和相关的存款收益以及中间业务收益一并作为总收益，将贷款的资金成本、管理成本、风险成本、税收成本一并作为总成本，根据下列不等式确定可以接受的最低贷款价格：

账户总收益 ≥ 账户总成本 + 目标利润

其收益率计算公式如下：

银行从整个客户关系中获得的净税前收益率：

$$= \frac{\text{对某一客户提供贷款和其他服务的收入} - \text{对该客户提供贷款和其他服务的费用}}{\text{可用于超出该客户存款的净贷放资金}}$$

客户盈利分析定价法实际上是银行对每位客户所使用的超过其向该行所供资金的那部分银行资金的定价，因此，如果从客户的所有关系中得到的净收益不小于零，这项贷款就可能被批准，但如果净收益为负数，该贷款申请则可能被否决，或者也可能提高贷款利率。

例如，某客户要求 1 000 万美元的信用额度，贷款合同规定的利率为 20%，客户实际使用 800 万美元。经商定，客户对其未使用的信用额度要支付

1%的承诺费，同时，银行要求客户必须存入相当于实际贷款额15%和未使用额度3%的存款。假定中央银行要求的存款准备金率是10%，那么这家银行的税前收益率是多少？

贷款收入 = 800 × 20% + 200 × 1% = 162（万美元）

借款人实际使用的资金额 = 800 −（800 × 15% + 200 × 3%）

+（800 × 15% + 200 × 3%）× 10%

= 686.6（万美元）

银行贷款税前收益率 = 162 ÷ 686.6 = 23.6%

银行管理者要分析23.6%的税前收益率是否足够弥补银行的筹资成本和各项管理费用，以及能否补偿各种风险损失。若不够补偿，要考虑调整贷款利率，或提高补偿余额，也可以根据市场情况，向客户收取其他服务费，以提高银行收益率。

## 三、贷款信用风险分析

信用分析（Credit Analysis）是对借款人诚信品格、资本实力、还款能力、担保及环境条件等进行系统分析，以确定是否给予贷款及相应的贷款条件。

### （一）贷款信用风险分析的主要内容

贷款信用风险分析的主要内容概括地表现为以下五个方面：

1. 借款人的品格（Character）

借款人的品格是指借款人不仅要有偿还债务的意愿，还要具备承担各种义务的责任感。借款人的品格无法计量，一般根据借款人的年龄、背景、性格作风以及过往的行为记录，进行一系列的调查评估，也可以通过专门的征信机构了解借款人的信用状况。

2. 借款人的能力（Capacity）

借款人的能力是指借款人运用借入资金获取利润并偿还贷款的能力，主要是借款人的生产经营能力，可通过企业的经济技术指标加以反映。

3. 借款人的资本（Capital）

借款人的资本是借款人能否从银行取得贷款的一个决定性因素，反映借款人的财力和风险承担能力。评估借款人的资本时，要注意区分账面价值和实际价值，关注资本的稳定性和变现能力。

4. 借款人贷款的担保（Collateral）

分析贷款的担保状况，要观察担保品的整体性、变现性、价格稳定性，要观察保险、贷款保证人的担保资格、经济实力和信用状况，还要观察保证人担保能力是否与担保贷款额度相匹配。

5. 借款人经营环境条件（Condition）

借款人经营环境条件既包括借款人能够控制的，如企业自身的经营范围、经营方向、生产规模、经济效益等等内部环境，也包括借款人难以控制的，如国家宏观经济政策、经济周期等等外部环境因素。

### （二）基于财务报表的贷款信用风险分析

影响企业还款能力的因素有很多，基于财务报表的贷款信用风险分析围绕企业的财务报表展开，财务报表是对企业财务状况、经营成果和现金流量的结构性表述，资产负债表、损益表和现金流量表分别从不同角度反映企业的财务状况、经营成果和现金流量。

资产负债表反映企业在某一特定日期所拥有的资产、需偿还的债务以及股东（投资者）拥有的净资产情况，包括资产、负债和所有者权益三方面的内容。资产负债表分析主要包括如表 2 -6、表 2 -7 所示的内容。

**表 2 -6　　资产项目分析要点①**

| 资产项目 | 分析要点 |
|---|---|
| 应收账款 | （1）是否集中于少数几个大户或某一地区和某一行业<br>（2）账龄结构如何？平均账龄与同行业的其他企业相比是否比较正常<br>（3）坏账准备金的提取是否足量<br>（4）是否被抵押或出售？如果是，还需要考虑被追索的情况 |
| 存款 | （1）规模是否合理？保留时间是否过长？有没有存在产成品积压或原材料过多的情况<br>（2）企业采用哪些存货计价方法？是否合理<br>（3）流动性如何？账面价值是否与市场价值一致<br>（4）是否购买了保险？是否已经被作为抵押品 |
| 固定资产 | （1）企业采用哪种折旧方法？提取的折旧额是否足量<br>（2）是否购买了保险？是否已经被作为抵押品<br>（3）变现能力如何 |

① 朱新蓉、宋清华：《商业银行经营管理》，中国金融出版社 2009 年版，下同。

续表

| 资产项目 | 分析要点 |
| --- | --- |
| 投资 | （1）这些投资是在什么环境下发生的？这些投资对企业来说是合适的吗<br>（2）这些投资一旦需要变现，所产生的现金流量如何<br>（3）这些投资的盈利状况如何 |

表2－7　负债与所有者权益项目分析要点

| 负债和所有者权益项目 | 分析要点 |
| --- | --- |
| 短期负债 | （1）短期负债的规模如何<br>（2）企业近期的现金流量是否足够偿还短期负债？如果不能，是否有其他的融资渠道<br>（3）这些短期负债是由真实的业务往来形成的吗 |
| 长期负债 | （1）长期负债的规模有多大？使用的效益如何<br>（2）这些长期负债的期限结构是否合理<br>（3）这些长期负债的利率如何？可不可能造成企业严重的财务负担 |
| 或有负债 | （1）或有负债的规模有多大<br>（2）这些负债有多大可能转变为真实的负债 |
| 所有者权益 | （1）企业的所有权结构是否比较合理<br>（2）与负债和资产规模相比，所有者投入的资本是否合理 |

损益表反映企业在一定会计期间的经营成果，即利润或亏损的情况，表明企业运用所拥有的资产的获利能力。损益表分析要点有：

（1）了解企业的会计核算过程是否科学、严密，是否符合有关规定。

（2）了解损益表的各个项目是否合理。

（3）将损益表中的各项目与以前各期对比，将其与同类企业对比，与企业的计划对比，从而考察企业的经营状况是否令人满意，将此作为评价企业未来偿债能力的依据。

现金流量表反映企业在一定会计期间现金和现金等价物流入和流出的情况。现金流量分析应根据企业提供的财务报表计算企业的现金流量并预测未来的现金流量（见表2－8）。

表 2－8　　企业各种活动中常见的现金流量情况

| | 现金流入 | 现金流出 |
|---|---|---|
| 经营活动现金流量 | （1）销货的现金收入<br>（2）利息与股息的现金收入<br>（3）增值税销项税款和出口退税 | （1）购货现金支出<br>（2）营业费用现金和缴纳所得税<br>（3）其他业务现金支出 |
| 投资活动现金流量 | （1）出售证券和固定资产<br>（2）收回对外投资资本金 | （1）购买有价证券<br>（2）购买固定资产 |
| 融资活动现金流量 | （1）取得短期和长期贷款<br>（2）发行股票或债券 | （1）偿还借款本金的现金<br>（2）分配现金股利 |

财务报表项目分析虽然可以提供很多关于企业偿债能力的信息，但这显然还是不够的。绝对数分析难以反映事物之间的联系，财务比率分析是对企业财务状况的进一步量化分析，通过各项财务指标的对比，计算相对数，可以进一步反映企业的财务负担、盈利能力和偿债能力。常用财务比率指标及其计算方法如表 2－9 所示。

表 2－9　　常用财务比率指标

| 比率种类 | 比率名称及计算方法 | 说　明 |
|---|---|---|
| 1. 短期偿债能力比率 | （1）流动比率＝流动资产/流动负债<br>（2）速动比率＝（流动资产－存货）/流动负债<br>（3）现金比率＝（现金＋银行存款＋短期政府债券）/流动负债 | 比率越大，说明企业的短势偿债能力越强 |
| 2. 业务活动比率 | （4）存货周转率＝销售商品的成本/存货<br>（5）应收账款周转率＝企业全年赊销总额/应收账款金额<br>（6）固定资产周转率＝销售总额/固定资产净值<br>（7）资产周转率＝销售总额/资产总额 | 比率越大，说明企业的管理水平越高，资金运用状况越好 |
| 3. 负债比率 | （8）债务比率＝负债总额/资产总额<br>（9）负债净值比率＝负债总额/净值总额<br>（10）流动负债比率＝流动负债/负债总额<br>（11）长期负债比率＝长期负债/负债总额 | 比率越大，表明企业的债务负担越重，偿债能力差 |

续表

| 比率种类 | 比率名称及计算方法 | 说 明 |
| --- | --- | --- |
| 4. 盈利比率 | (12) 销售毛利率 = (销售收入 - 销售成本) /销售总额<br>(13) 净收益率 = 利润总额/销售总额<br>(14) 资产收益率 = 利润总额/资产总额<br>(15) 资本收益率 = 利润总额/资本总额<br>(16) 普通股每股收益 = (利润总额 - 优先股股利) /普通股股数 | 其值越大，说明盈利能力越强，偿债能力也越强 |
| 5. 保障比率 | (17) 利息保障倍数 = (税前利润 + 利息支出) /利息支出<br>(18) 负债本息保障比率 = (税后利润 + 利息支出) / [利息支出 + 本金/ (1 - 所得税税率)] | 比率越大，其还款保障越高 |

(三) 贷款信用风险分析的非财务因素

财务指标说明的是企业过去的财务状况，而对于银行而言，所发放的贷款要在一定时期以后才能收回，因此，贷款信用风险分析更应注重企业的未来发展。非财务因素因其信息量大、隐含信息丰富和动态发展等特点，有助于银行把握贷款质量，对企业发展的态势进行即时跟踪。贷款信用风险分析的非财务因素包括行业因素、经营因素和管理因素。

1. 行业风险分析

企业总是处于某一特定的行业之中，而不同行业有不同的风险特征，因此贷款信用风险必须考虑行业因素。

(1) 行业发展的政策法律环境。银行要分析政策法规对企业收益、成本的影响，这些影响是否可以预见和管理。政策法律环境对行业发展有显著并长期的负面影响，并可能突然变化，就意味着企业有较高的信用风险。

(2) 行业发展的环境责任。行业发展是否对生态环境产生负面影响，是否产生或需处理有毒物品或废弃物。

(3) 行业依存度。企业所在行业是否对 1—2 个其他行业或消费群体有很高的依赖性，客户和供应商是否限于少数行业。高度多样化的客户和供应商意味着企业有良好的信用。

(4) 产品替代状况。一个企业所生产的产品的可替代状况，事关企业的发展前景，与贷款偿还能力密切相关，有很多轻易获得的替代品，且没有替代成本，意味着企业有很高的替代风险。

（5）产品生命周期。产品一般经历种子期、初创期、成长期、成熟期和衰替期，相对于初创期和衰替期来说，处于成长期和成熟期的产品有较低的行业风险。

（6）行业盈利能力。行业盈利能力与成本结构、市场状况、垄断程度以及盈利模式相关，有的在扩张和衰替期都能盈利，有的扩张期能盈利，衰替期则有亏损。

（7）行业成本结构。固定成本与变动成本之比称为经营杠杆，不同行业成本结构不同，固定成本占比高，意味着更高的行业风险，经营杠杆和规模经济对于一个行业的成长具有重大影响。

2. 经营风险分析

贷款信用风险与企业的经营战略目标、生产组织状况以及营销渠道有密切联系。

（1）经营战略目标的可行性。企业经营战略目标与企业发展实际的吻合度，与企业外部环境的吻合度，以及实现企业战略目标的措施是否有效。

（2）生产组织状况。是否有完善的生产组织形式，能否有效保障企业生产的连续性，是否具有随时应对市场变化的能力，生产组织状况影响现金流，进而影响还款能力。

（3）企业的营销状况。企业的营销政策、营销渠道、营销能力决定企业的产品销售能力，产品销售事关企业利润的实现，一个好的企业往往有一批稳定的客户资源，能够保证企业维持一个稳定的销售水平。

3. 管理风险分析

管理风险是指由于企业内部管理人员失误从而给企业带来损失的风险。管理风险的主要观察点如表 2－10 所示。

**表 2－10　　　　企业管理风险分析**

| 评估项目 | 主要观察点 |
|---|---|
| 决策机制 | 民主式还是独裁式<br>企业内认同状况<br>与企业发展现状是否适应<br>有效性如何 |

续表

| 评估项目 | 主要观察点 |
|---|---|
| 管理层结构 | 年龄结构<br>能力结构<br>性别结构<br>专业结构 |
| 管理层品德 | 管理层成员的道德品德<br>管理层成员的诚信记录 |
| 管理层能力 | 经营业绩记录<br>员工中的威信<br>经验丰富程度 |
| 管理层稳定性 | 管理人员离任情况<br>管理人员流失情况<br>管理人员调整频率 |

# 第三章

# 基于 VaR 的商业银行风险管理

在银行的经营管理中，风险管理处于核心的地位。金融企业面临的主要金融风险类型有：金融市场风险、信用风险、操作风险、流动性风险等。金融风险管理是指为改变企业所面临的金融风险状况而采取的一系列的管理行为。风险管理一般包括四个方面的含义：（1）风险辨识，辨认和识别企业所面临的风险的类型；（2）风险测量，定量描述企业面临的这些风险的大小程度，评估这些风险对企业有何种程度的影响，确定应该回避哪些风险，可以承担哪些风险等；（3）风险控制，针对风险的类型，选择最佳的风险控制技术，使风险损失降低到最低限度；（4）风险防范，包括确定企业的风险管理原则，建立相应的组织机构，制定风险管理制度和风险防范措施等。对金融企业来说，在这四个方面中，风险的测量是关键。

风险测量是金融风险管理的基础和核心。随着金融全球化的发展趋势，金融市场的交易规模不断增大，动态性和复杂性不断增加，金融市场风险的测量技术也变得越来越综合和复杂。在现代金融理论基础上，金融工作者创立了许多先进的风险管理模型和技术。风险价值（VaR，Value at Risk）模型就是最有代表性的模型之一，它是由 J. P. Morgan 公司首先建立的，它用一个具体的数说明在未来 24 小时该公司全球业务所承担的风险情况。在该模型的基础上，J. P. Morgan 公司于 1994 年推出了第一个市场风险管理软件系统——Risk Metrics。现在风险价值模型也被用在信用风险和操作风险管理中。

以巴塞尔银行监督管理委员会为代表的金融监管部门，也积极运用这些高科技进行外部的监管和控制。由于用 VaR 模型测量金融市场风险具有科学、实用、准确和综合的特点，受到国际金融界（包括金融监管部门）的普遍欢迎，迅速发展成为一种风险管理的标准。2005 年初，中国银监会发布了《商业银行市场风险管理指引》，并于 2005 年 3 月 1 日起实施，该指引鼓励业务复杂程度和市场风险水平较高的商业银行逐步开发和使用内部模型计量风险价值，对所承担的市场风险水平进行量化估计，将风险价值（VaR）模型作为内部模型的标准方法之一。

2008 年全球金融危机，也引起了金融机构和金融监管部门的反思，在应对此次金融危机的过程中，直接催生了第三版巴塞尔资本协议（即巴塞尔资本协议 III），它可以说是金融监管框架调整的代表性成果，该协议的草案于 2010 年提出，并在短短一年时间内就获得了最终通过。于 2013 年 1 月 6 日又发布了最新规定。巴塞尔资本协议 III 是商业银行风险管理的国际标准，作为 20 国集团和巴塞尔委员会的正式成员国，中国全面参与了危机以来的国际金融监管改革进程，高度重视国际新监管标准的实施工作。根据巴塞尔 III 的核心要求，并结合中国银行业改革发展实践，银监会确立了具有中国特色的审慎资本监管框架。2012 年 7 月，经国务院批准，发布了《商业银行资本管理办法（试行）》。为配合新的资本监管制度实施，银监会陆续发布了一系列配套监管规则和指导意见。《商业银行资本管理办法（试行）》于 2013 年 1 月 1 日开始实施。这是中国为满足国际新监管标准、并结合我国银行业实际而制定的银行资本监管新规，又被称为中国版“巴塞尔协议 III”。是否实施该资本协议，被视为“最好的银行风险管理”重要标志。

本章主要介绍度量金融风险的风险价值（VaR，Value at Risk）模型，介绍了计算风险价值 VaR 的参数方法、历史模拟法和蒙特卡罗模拟法，讨论了如何应用 VaR 模型进行金融市场风险、信用风险和操作风险的管理。

# 第一节
# VaR 的统计表述、计算原理

## 一、风险价值（VaR）模型

风险价值（VaR）模型是由 J. P. Morgan 公司首先建立的，当时 J. P. Morgan 公司的总裁 Dennis Weatherstone 要求其下属每天下午 4 点 15 分，给他一份一页的报告，并用一个具体的数说明在未来 24 小时该公司全球业务所承担的风险情况。为了满足这一要求，J. P. Morgan 公司的风险管理人员开发了一种能够测量不同交易、不同业务部门市场风险，并且将这些风险集成为一个数的风险测量模型，这就是 VaR 模型。基于该模型，J. P. Morgan 公司于 1994 年推出了第一个市场风险管理软件系统——Risk Metrics。

**VaR 的定义：** 在正常的市场条件下，给定置信水平和持有期，某种投资组合可能发生的最大损失值。

例如，某公司的投资组合在置信水平为 99%，持有期为一天时的 VaR 为 65 万元。它说明该公司可以有 99% 的把握相信持有一天该投资组合的最大损失不会超过 65 万元。换句话说，该公司持有一天该投资组合的损失超过 65 万元的可能性只有 1%。通俗地说，即损失超过 65 万元的可能性是 100 天一遇。这与我国劳动人民在长期与洪水斗争中，总结出用“百年一遇、二十年一遇”来描述洪水的危害的思想是完全一致的。VaR 不仅描述了损失的大小，还描述了发生损失的频率。

## 二、计算原理

VaR 的计算是以概率论与数理统计为基础的，类似于区间估计。为了计算 VaR，我们需要给出 VaR 的数学定义。

**VaR 的数学定义：** 给定置信水平 $1-\alpha$ 和时间间隔 t，如果一家实体机构在时间间隔 t 内预计损失额超过 M 的概率小于 α，则称这家实体机构在时间间隔 t 内的 VaR 为 M。

即：$P\{损失额 > M\} < \alpha$

下面以单个资产的 VaR 计算为例，说明 VaR 的计算。

例如，假设有一家美国银行的风险经理，要计算 100 万欧元资产在 95% 置信水平下的日 VaR。已知即期汇率 $b_0$ 为 1 欧元兑 1.25 美元。凭过去的观察知道美元/欧元的汇率的变动率 r 服从均值为 0，标准差为 0.0125 的正态分布（注：$r = (b_1 - b_0) / b_0$，$b_1 = b_0(1 + r)$）。

因为汇率的变动率 r 服从均值为 0，标准差为 0.0125 的正态分布，所以 $\frac{r-\mu}{\sigma}$ 服从标准正态分布。设 $\frac{r-\mu}{\sigma}$ 的绝对值大于 k 的概率为 $\alpha$（$=1-0.95$），即 $\frac{r-\mu}{\sigma}$ 的绝对值小于等于 k 的概率为 $1-\alpha$（$=95\%$）。则由 $P\left\{\left|\frac{r-\mu}{\sigma}\right| \leqslant k\right\} = 1-\alpha$，即 $P\left\{-k \leqslant \frac{r-\mu}{\sigma} \leqslant k\right\} = 1-\alpha$，所以 $k = z_{1-\frac{\alpha}{2}}$，因此，$P\{\mu - z_{1-\frac{\alpha}{2}}\sigma \leqslant r \leqslant \mu + z_{1-\frac{\alpha}{2}}\sigma\} = 1-\alpha$，记 $r_a = \mu - z_{1-\frac{\alpha}{2}}\sigma$，$r_b = \mu + z_{1-\frac{\alpha}{2}}\sigma$。则汇率的变动率 r 落在区间 $[r_a, r_b] = [\mu - z_{1-\frac{\alpha}{2}}\sigma, \mu + z_{1-\frac{\alpha}{2}}\sigma]$ 中的概率为 $1-\alpha(=95\%)$，其最小的汇率的变动率 r 为 $r_a = \mu - z_{1-\frac{\alpha}{2}}\sigma$。由此可计算出 95% 置信水平下的最大的损失。

因为 $\mu = 0$，$\sigma = 0.0125$，$\alpha = 0.05$，$z_{1-\frac{\alpha}{2}} = z_{0.975} = 1.96$

所以 $r_a = \mu - z_{1-\frac{\alpha}{2}}\sigma = 0 - 1.96 \times 0.0125 = -0.0245$。$b_1 = b_0(1 + r) = 1.25 \times (1 - 0.0245) = 1.219375$。95% 置信水平下的最大的日损失为 $1\,000\,000 \times (1.219375 - 1.25) = -30\,625$（美元）。

上面是通过 $\frac{r-\mu}{\sigma}$ 的绝对值大于 k 的概率为 α 来计算 VaR，实际上是汇率的变动率 r 小于 $r_a = \mu - z_{1-\frac{\alpha}{2}}\sigma$ 和大于 $r_b = \mu + z_{1-\frac{\alpha}{2}}\sigma$ 的概率为 α，而汇率的变动率 r 大于 $r_b = \mu + z_{1-\frac{\alpha}{2}}\sigma$ 时，是收益而不是损失。

用类似于单侧区间估计的方法，可以只计算损失，也称单尾方法（对应地称上面的方法为双尾方法）。乃以上例说明。

$P\{\frac{r-\mu}{\sigma} \geqslant k\} = 1-\alpha$，$P\{\frac{r-\mu}{\sigma} < k\} = \alpha$，$k = -z_\alpha$，因此，$P\{\mu - z_\alpha\sigma \leqslant r < +\infty\} = 1-\alpha$，记 $r_a = \mu - z_\alpha\sigma$，则汇率的变动率 r 落在区间 $[r_a, +\infty) = [\mu - z_\alpha\sigma, +\infty)$ 中的概率为 $1-\alpha(=95\%)$，其最小汇率的变动率 r 为 $r_a = \mu - z_\alpha\sigma$。由此可计算出 95% 置信水平下的最大的损失。

因为 $\mu = 0$，$\sigma = 0.0125$，$\alpha = 0.05$，$z_\alpha = z_{0.95} = 1.65$

所以 $r_a = \mu - z_\alpha\sigma = 0 - 1.65 \times 0.0125 = -0.020625$。$b_1 = b_0(1 + r) =$

1.25 ×（1 - 0.020625）= 1.22421875。

95% 置信水平下的最大日损失为 1 000 000 ×（1.25 - 1.22421875）= 25 781.25（美元）。

用单尾方法计算的 VaR 比用双尾方法计算的 VaR 要小一些。

上面的计算中有三个已知条件要给定：（1）置信水平（一般为 95%、97.5%、99% 等）；（2）持有期（一般为一天、一周、10 天、半个月、一个月等）；（3）变动率 r 服从概率分布及其参数（上题中 r 服从正态分布，其均值为 0，标准差为 0.0125）。

对于多个资产的组合，方法类似，但要复杂得多。涉及多元随机变量的概率分布及其参数（如均值向量、协方差矩阵等）。一般需要利用计算机来计算。

如果只知道汇率变动服从的分布，但不知参数值（例如均值和标准差未知），我们可根据历史数据用参数估计法对其参数进行估计。如果连汇率变动服从的分布也不知道，则要根据历史数据采用非参数估计法对其分布进行估计。

由于 VaR 模型具有对金融市场风险测量的科学、实用、准确和综合等许多优点，它获得了广泛的应用，范围涉及证券、投资银行、商业银行、养老基金以及非金融企业等。目前，VaR 的应用已不仅仅局限在金融市场风险的测量方面，而且逐步应用到信用风险、操作风险等方面。利用 VaR 模型还可确定内部风险资本需求、设定风险限额、在风险调整的基础上更合理地分析业绩，应用于金融监管等。

## 第二节 基于 VaR 的市场风险管理

金融市场风险主要指金融市场基础变量（如利率、汇率、股票价格等）的变化而使金融资产的市场价值发生变化的可能性。随着资本市场的全球化、放松金融监管和金融创新等新的变化，金融风险的重点从传统的信用风险转向市场风险。而且市场风险也成为引起信用风险的重要因素，因此金融市场风险成为金融监管的重点。

## 一、金融市场风险价值的计算方法

由前面计算 VaR 的简单例子我们不难看出，计算 VaR 的核心在于估计资产组合未来损益的（联合）概率分布。大多数情况下，直接估算资产组合未来损益的（联合）概率分布几乎是不可能的，因为资产组合往往包含种类繁多的金融工具，而且有些新金融工具没有足够的历史数据可用。通常将资产组合用其市场因子来表示，既将资产组合的价值表示成其所有市场因子的函数，通过市场因子的变化来估计资产组合未来损益的（联合）概率分布。因此 VaR 的计算可分三步进行：

第一步，把资产组合中的每一种资产损益表示为市场因子的函数——市场因子映射；

第二步，预测市场因子的波动性——市场因子波动性模型；

第三步，根据市场因子的波动性估计资产组合的价值变化和分布——估值模型。

在这三步中市场因子波动性模型和估值模型是关键，不同的市场因子波动性模型和估值模型构成计算 VaR 的不同方法。

我们常常用历史数据的统计量（如样本均值、样本标准差等）来表示市场因子，对历史数据采用不同的方法计算样本均值和样本标准差，得到计算风险价值（VaR）的不同方法。主要有三类：参数方法、历史模拟法和蒙特卡罗模拟法。

### （一）参数法

参数法计算可采用直接法、移动平均和指数移动平均三种方法：

1. 直接法

直接法是直接计算所有 n 个样本的样本均值和样本标准差。日变化率的样本均值的计算公式是：

$$\mu = \frac{1}{n}\sum_{i=1}^{n} r(i) \tag{3-1}$$

日变化率的样本标准差的计算公式是：

$$\sigma = \sqrt{\frac{1}{n-1}\sum_{i=1}^{n}(r(i)-\mu)^2} \tag{3-2}$$

用单尾法计算置信度为 $1-\alpha$ 的单位资产收益率的日 VaR 为：

$$VaR_{1-\alpha} = \mu - z_{\alpha}\sigma \quad (3-3)$$

分别取 $\alpha = 0.05$、$0.025$ 和 $0.01$，可得 $Z_{\alpha}$ 分别等于 1.65、1.96 和 2.33，因此可得置信度为 95%、97.5% 和 99% 的 VaR 分别为：

$$VaR_{0.95} = \mu - 1.65\sigma \quad (3-4)$$

$$VaR_{0.975} = \mu - 1.96\sigma \quad (3-5)$$

$$VaR_{0.99} = \mu - 2.33\sigma \quad (3-6)$$

2. 移动平均法

移动平均法只计算最近 m（m 称为移动窗口的宽度）个样本的样本均值和样本标准差。更早的历史数据（移动窗口外的）不参加计算，m 可以根据总体的不同特性，选用不同的值。

设 m 为移动窗口的宽度，日变化率的样本均值的计算公式是：

$$\mu(i) = \frac{1}{m}\sum_{j=1}^{m} r(i-j) \quad (3-7)$$

日变化率的样本标准差的计算公式是：

$$\sigma(i) = \sqrt{\frac{1}{m-1}\sum_{j=1}^{m}\left(r(i-j) - \mu(i)\right)^2} \quad (3-8)$$

样本均值和样本标准差均随时间变化，可以反映最近的变化情况。

3. 指数移动平均

指数移动平均是用最近 m 个样本以指数加权平均来计算样本均值和样本标准差，距离越近的样本的权重越大。

设 m 为移动窗口的宽度，日变化率的样本均值的计算公式是：

$$\mu(i) = \frac{1}{\sum_{k=1}^{m}\lambda^{k-1}}\sum_{j=1}^{m}\lambda^{j-1} r(i-j) \quad (3-9)$$

日变化率的样本标准差的计算公式是：

$$\sigma(i) = \sqrt{\frac{1}{\sum_{k=1}^{m}\lambda^{k}}\sum_{j=1}^{m}\lambda^{j-1}\left(r(i-j) - \mu(i)\right)^2} \quad (3-10)$$

$\lambda$ 称为衰退因子，$0 < \lambda < 1$，它的选取隐含对距离目前时间越近的样本，给予越重的权数，对样本均值和样本标准差的贡献越大，$\lambda$ 的值越小，离目前时间越远的样本的权数衰减得越快。

### （二）历史模拟法

历史模拟法的基本假设是过去的变化情况会在未来重现。利用过去一段时间的历史数据，进行重新抽样，模拟未来一段时间的变化情况，抽样区间和抽样方法的不同，就形成不同的历史模拟法，主要有一般法和拔靴法（Bootstrap），我们还给出一种和改进的拔靴法。

1. 一般法

一般法让所有 n 个样本均参与抽样，随机抽取 k 次，模拟未来 k 天的日变化率，称为一条路径，k 称为路径长度。重复模拟 $k_n$ 条路径，若置信水平取 $1-\alpha$，将 $k_n$ 条路径按分量由小到大进行排序，取排序后的第 $\alpha k_n$ 条路径的每一个分量为对应的未来 k 天每天的 VaR，即 $1-\alpha$ 置信水平下持有 1 份（100 元）该国债的最大日损失。

我们用以下简单例子来说明。假设有一个市场指数基金经理，要计算当前价值为 1 000 万美元的基金在 95% 的置信水平上的日 VaR。已有今天之前的 1 001 天的指数的历史数据。计算采取以下四个步骤：

把 1 001 个市场指数数据 $I_i(i=1,2,\cdots,1\ 001)$ 转换成 1 000 个市场指数收益率数据 $R_i=(I_i-I_{i-1})/I_{i-1}(i=1,2,\cdots,1\ 000)$。

利用这 1 000 个历史单日收益率 $R_i(i=1,2,\cdots,1\ 000)$，随机抽取 2 000 次，计算基金收益率一天内的 2 000 种可能值，从而得出基金价值在一天内的 2 000 个模拟变化值。

把基金 2 000 个模拟变化值排序，就可以得到频度分布形状。

找出全部模拟值最左侧的 5% 处的值，这个数值的绝对值就是基金在 95% 的置信水平上的日 VaR。

2. 拔靴法（Bootstrap）

拔靴法（Bootstrap）只让最近 m（m 称为移动窗口的宽度）个样本参与抽样，更早的历史数据（移动窗口外的）不参加抽样，m 可以根据总体的不同特性，选用不同的值。其余与一般法相同。

3. 改进的拔靴法

一般法和拔靴法采用均匀分布对过去一段时间的样本进行抽样，如果不是采用均匀分布而是采用任何一种别的分布进行抽样，则我们称之为改进的拔靴法。

例如，像指数移动平均法一样，考虑到距离越近的样本越重要，采用指数分布进行抽样，指数分布拔靴法。

### （三）蒙特卡罗模拟法

蒙特卡罗模拟法假设总体服从某种概率分布，根据历史数据估计其参数，然后利用总体服从的概率分布，模拟未来一段时间的变化情况。

例如，假设总体服从正态分布 N（$\mu$，$\sigma^2$），根据历史数据采用不同的方法估计其参数 $\mu$ 和 $\sigma$，则形成不同的蒙特卡罗模拟法。同样也可假设总体服从 T 分布。

条件均值采用 ARMAX（R，M，$N_x$）模型，即：

$$r_t = \mu_t + \varepsilon_t$$

$$\mu_t = c + \sum_{i=1}^{R} \phi_i r_{t-i} + \sum_{j=1}^{M} \theta_j \varepsilon_{t-i} + \sum_{k=1}^{Nx} \beta_k X(t,k) \tag{3-11}$$

$$\varepsilon_t \mid I_{t-1} \sim N(0,\sigma_t^2)$$

其中，$I_{t-1}$ 表示在 t－1 期所有可利用的信息集合。X 是解释回归矩阵，它的每一列是一个时间序列，X（t，k）是 X 的第 t 行，第 K 列上的元素。

记 $$\varepsilon_t = z_t \sigma_t \tag{3-12}$$

则 $z_t \sim N(0,1)$，$z_t$ 为独立的正态分布的随机变量。

标准差 $\sigma$ 可采用下列三种模型之一估计：

1. Garch 模型

经济学家 Engle 在 1982 年提出了 ARCH 模型，其主要特点是方差随时间变化而变化，Bollerslev 在 1986 年提出了 GARCH（p，q）模型：

$$\sigma_t^2 = \kappa + \sum_{i=1}^{p} G_i \sigma_{t-i}^2 + \sum_{j=1}^{q} A_j \varepsilon_{t-j}^2 \tag{3-13}$$

其中：

$$\sum_{i=1}^{p} G_i + \sum_{j=1}^{q} A_j < 1$$

$$\kappa > 0 \tag{3-14}$$

$$G_i > 0,\ i = 1,2,\cdots,p$$

$$A_j > 0,\ j = 1,2,\cdots,q$$

2. GJR 模型

Glosten、Jagannathan 与 Runkle（1993）提出了 GJR（p，q）模型：

$$\sigma_t^2 = \kappa + \sum_{i=1}^{p} G_i \sigma_{t-i}^2 + \sum_{j=1}^{q} A_j \varepsilon_{t-j}^2 + \sum_{j=1}^{q} L_j S_{t-j}^{-} \varepsilon_{t-j}^2 \tag{3-15}$$

其中

$$S_t^{-} = \begin{cases} 1 & \text{若 } \varepsilon_t < 0 \\ 0 & \text{其他情况} \end{cases} \tag{3-16}$$

$$\begin{aligned}&\sum_{i=1}^{p} G_i + \sum_{j=1}^{q} A_j + \frac{1}{2}\sum_{j=1}^{q} L_j < 1\\&\kappa > 0\\&G_i > 0,\quad i = 1,2,\cdots,p\\&A_j > 0,\quad j = 1,2,\cdots,q\\&A_j + L_j > 0,\quad j = 1,2,\cdots,q\end{aligned} \tag{3-17}$$

3. EGARCH 模型

Nelson 在 1991 年提出了 EGARCH 模型：

$$\ln\sigma_t^2 = \kappa + \sum_{i=1}^{p} G_i \ln\sigma_{t-i}^2 + \sum_{j=1}^{q} A_j\left[\frac{|\varepsilon_{t-j}|}{\sigma_{t-j}} - E\left\{\frac{|\varepsilon_{t-j}|}{\sigma_{t-j}}\right\}\right] + \sum_{j=1}^{q} L_j\left(\frac{\varepsilon_{t-j}}{\sigma_{t-j}}\right) \tag{3-18}$$

其中

$$E\{|Z_{t-j}|\} = E\left\{\frac{|\varepsilon_{t-j}|}{\sigma_{t-j}}\right\} = \begin{cases}\sqrt{\dfrac{2}{\pi}} & \text{正态分布}\\[2ex] \sqrt{\dfrac{\nu-2}{\pi}}\,\dfrac{\Gamma\left(\dfrac{\nu-1}{2}\right)}{\Gamma\left(\dfrac{\nu}{2}\right)} & T\text{分布}\end{cases} \tag{3-19}$$

用蒙特卡罗模拟法计算 VaR 的步骤为：

选择市场因子变化的随机过程和分布，估计其相应的参数。通过计算机模拟市场因子未来的各种可能的变化情形，即得到未来市场因子的各种可能的取值。

对未来市场因子的每一种可能的取值，利用资产定价公式或其他方法计算组合的价值及其变化。

根据组合价值变化分布的模拟结果，计算出特定置信度下的 VaR。

通常要模拟市场因子 100 000 种以上可能的变化情形，得到未来市场因子的 100 000 种以上的取值，分别计算组合的价值得到 100 000 个以上的结果，将这些数值排序，就可以得到频度分布形状，找出全部模拟值最左侧的 5% 处的值，这个数值的绝对值就是基金在 95% 的置信水平上的日 VaR。

蒙特卡罗模拟法克服了参数方法和历史模拟法的不足，具有高度的灵活性，能解释各种风险，包括波动性风险和信用风险，很多银行机构都采用蒙特卡罗模拟技术。随着计算机功能的日益提升，这种方法越来越受到欢迎。

但是，蒙特卡罗模拟法的主要缺点是计算量大、计算时间长，一般微机的功能还不能胜任实时处理的要求，对一较大的金融机构的实时处理需要强大的超级计算能力。

## 二、使用 Excel 计算 VaR 的案例

采用我国上海证券交易所国债每日收盘价为原始数据，选取 1999 年第 8 期国债，债券代码分别为 101998，取样时间段为 2002 年 5 月 8 日至 2008 年 8 月 6 日，共 1 516 个样本数。分别用参数法的直接法和移动平均法计算置信度为 95%、97.5% 和 99% 时该国债的风险价值 VaR。

### （一）使用 Excel 用参数法的直接法计算 VaR

第一步，下载数据。例如从锐思金融研究数据库下载某股票 4 年的日收盘价的历史数据，用文件名 exl－9908. xls 保存在本地 Exceel 文件中。如图 3－1 所示。

| | A | B |
|---|---|---|
| 1 | 时间 | 收盘价 |
| 2 | 2002-5-8 | 105.25 |
| 3 | 2002-5-9 | 105.29 |
| 4 | 2002-5-10 | 105.27 |
| 5 | 2002-5-13 | 105.23 |
| 6 | 2002-5-14 | 105.27 |
| 7 | 2002-5-15 | 105.23 |
| 8 | 2002-5-16 | 105.29 |
| 9 | 2002-5-17 | 105.64 |
| 10 | 2002-5-20 | 105.88 |
| 11 | 2002-5-21 | 106 |
| 12 | 2002-5-22 | 106.4 |
| 13 | 2002-5-23 | 106.35 |

**图 3－1　某股票的日收盘价**

第二步，计算收益率。单击 C3 单元格，在编辑栏中输入：＝（B3－B2）/B2；回车后结果如图 3－2 所示。

单击 C3 单元格，按住鼠标左键向下拖动选定区域，扩展填充到 C1517，结果如图 3－3 所示。

第三步，用直接法计算 VaR。（1）求收益率的均值。单击 G1267 单元格，在编辑栏中输入：＝AVERAGE（C3：C1267）；回车。（2）求收益率的标准差。单击 H1267 单元格，在编辑栏中输入：＝STDEV（C3：C1267）；回车。（3）分别求置信度为 95%、97.5% 和 99% 的日 VaR。单击 G1269 单元格，在

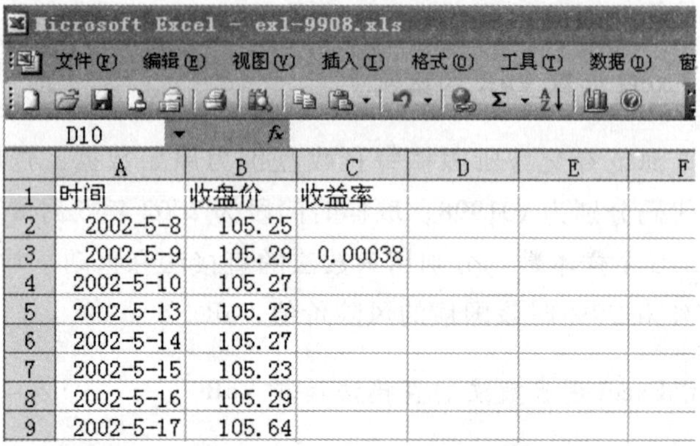

| | A | B | C | D | E | F |
|---|---|---|---|---|---|---|
| 1 | 时间 | 收盘价 | 收益率 | | | |
| 2 | 2002-5-8 | 105.25 | | | | |
| 3 | 2002-5-9 | 105.29 | 0.00038 | | | |
| 4 | 2002-5-10 | 105.27 | | | | |
| 5 | 2002-5-13 | 105.23 | | | | |
| 6 | 2002-5-14 | 105.27 | | | | |
| 7 | 2002-5-15 | 105.23 | | | | |
| 8 | 2002-5-16 | 105.29 | | | | |
| 9 | 2002-5-17 | 105.64 | | | | |

图 3-2 计算收益率

| | A | B | C | D | E | F | G |
|---|---|---|---|---|---|---|---|
| 1 | 时间 | 收盘价 | 收益率 | | | | |
| 2 | 2002-5-8 | 105.25 | | | | | |
| 3 | 2002-5-9 | 105.29 | 0.00038 | | | | |
| 4 | 2002-5-10 | 105.27 | -0.00019 | | | | |
| 5 | 2002-5-13 | 105.23 | -0.00038 | | | | |
| 6 | 2002-5-14 | 105.27 | 0.00038 | | | | |
| 7 | 2002-5-15 | 105.23 | -0.00038 | | | | |
| 8 | 2002-5-16 | 105.29 | 0.00057 | | | | |
| 9 | 2002-5-17 | 105.64 | 0.003324 | | | | |
| 10 | 2002-5-20 | 105.88 | 0.002272 | | | | |
| 11 | 2002-5-21 | 106 | 0.001133 | | | | |
| 12 | 2002-5-22 | 106.4 | 0.003774 | | | | |
| 13 | 2002-5-23 | 106.35 | -0.00047 | | | | |
| 14 | 2002-5-24 | 106.6 | 0.002351 | | | | |
| 15 | 2002-5-27 | 106.64 | 0.000375 | | | | |
| 16 | 2002-5-28 | 106.95 | 0.002907 | | | | |
| 17 | 2002-5-29 | 107.06 | 0.001029 | | | | |
| 18 | 2002-5-30 | 106.95 | -0.00103 | | | | |

图 3-3 扩展填充

编辑栏中输入：=G1267-1.65*H1267，回车；单击 H1269 单元格，在编辑栏中输入：=G1267-1.96*H1267，回车；单击 I1269 单元格，在编辑栏中输入：=G1267-2.33*H1267，回车；结果如图 3-4 所示。

第四步，画出收益率和直接法计算的 VaR 的图形。（1）复制 G1269：I1269 单元格，选择性粘贴其值至 D1267：F1267；（2）选中单元格 D1267：F1267，按住鼠标左键向下拖动选定区域，扩展填充到 D1517：F1517；结果如

| | A | B | C | D | E | F | G | H | I | J |
|---|---|---|---|---|---|---|---|---|---|---|
| 1262 | 2007-7-23 | 99.98 | 0.002607 | | | | | | | |
| 1263 | 2007-7-24 | 99.99 | 0.0001 | | | | | | | |
| 1264 | 2007-7-25 | 99.86 | -0.0013 | | | | | | | |
| 1265 | 2007-7-26 | 100.01 | 0.001502 | | | | | | | |
| 1266 | 2007-7-27 | 100.03 | 0.0002 | 95%的VaR | 97.5%的Va | 99%的VaR | 收益率的均值 | 收益率的标准差 | | |
| 1267 | 2007-7-30 | 100.05 | 0.0002 | | | | -3.89016E-05 | 0.001517579 | | |
| 1268 | 2007-7-31 | 100.06 | 1E-04 | | | | 95%的VaR | 97.5%的VaR | 99%的VaR | |
| 1269 | 2007-8-1 | 100.01 | -0.0005 | | | | -0.002542906 | -0.003013355 | -3.89016E-05 | |
| 1270 | 2007-8-2 | 100 | -1E-04 | | | | | | | |
| 1271 | 2007-8-3 | 100.11 | 0.0011 | | | | | | | |
| 1272 | 2007-8-6 | 100.3 | 0.001898 | | | | | | | |
| 1273 | 2007-8-7 | 100.26 | -0.0004 | | | | | | | |
| 1274 | 2007-8-8 | 100.3 | 0.000399 | | | | | | | |
| 1275 | 2007-8-9 | 100.3 | 0 | | | | | | | |
| 1276 | 2007-8-10 | 100.25 | -0.0005 | | | | | | | |
| 1277 | 2007-8-13 | 100.15 | -0.001 | | | | | | | |

**图 3－4　求收益率的均值、标准差和 VaR**

图 3－5 所示。

| | A | B | C | D | E | F | G | H | I |
|---|---|---|---|---|---|---|---|---|---|
| 1264 | 2007-7-25 | 99.86 | -0.0013 | | | | | | |
| 1265 | 2007-7-26 | 100.01 | 0.001502 | | | | | | |
| 1266 | 2007-7-27 | 100.03 | 0.0002 | | | | 收益率的均值 | 收益率的标准差 | |
| 1267 | 2007-7-30 | 100.05 | 0.0002 | 95%的VaR | 97.5%的VaR | 99%的VaR | -3.89016E-05 | 0.001517579 | |
| 1268 | 2007-7-31 | 100.06 | 1E-04 | -0.0025429 | -0.0030134 | -0.003575 | 95%的VaR | 97.5%的VaR | 99%的VaR |
| 1269 | 2007-8-1 | 100.01 | -0.0005 | -0.0025429 | -0.0030134 | -0.003575 | -0.002542906 | -0.003013355 | -0.00357486 |
| 1270 | 2007-8-2 | 100 | -1E-04 | -0.0025429 | -0.0030134 | -0.003575 | | | |
| 1271 | 2007-8-3 | 100.11 | 0.0011 | -0.0025429 | -0.0030134 | -0.003575 | | | |
| 1272 | 2007-8-6 | 100.3 | 0.001898 | -0.0025429 | -0.0030134 | -0.003575 | | | |
| 1273 | 2007-8-7 | 100.26 | -0.0004 | -0.0025429 | -0.0030134 | -0.003575 | | | |
| 1274 | 2007-8-8 | 100.3 | 0.000399 | -0.0025429 | -0.0030134 | -0.003575 | | | |
| 1275 | 2007-8-9 | 100.3 | 0 | -0.0025429 | -0.0030134 | -0.003575 | | | |
| 1276 | 2007-8-10 | 100.25 | -0.0005 | -0.0025429 | -0.0030134 | -0.003575 | | | |
| 1277 | 2007-8-13 | 100.15 | -0.001 | -0.0025429 | -0.0030134 | -0.003575 | | | |
| 1278 | 2007-8-14 | 100.21 | 0.000599 | -0.0025429 | -0.0030134 | -0.003575 | | | |
| 1279 | 2007-8-15 | 100.2 | -1E-04 | -0.0025429 | -0.0030134 | -0.003575 | | | |
| 1280 | 2007-8-16 | 100.3 | 0.000998 | -0.0025429 | -0.0030134 | -0.003575 | | | |

**图 3－5　扩展填充**

选中区域 A1268：A1517 和 C1268：F1517，画折线图，结果如图 3－6 所示。

（二）使用 Excel 用参数法的移动平均法计算 VaR

第一步至第三步同上。

第四步，用移动平均法计算 VaR。取移动窗口宽度 m＝60：（1）求收益率的均值。单击 G1268 单元格，在编辑栏中输入：＝AVERAGE（C1208：C1267）；回车。（2）求收益率的标准差。单击 H1267 单元格，在编辑栏中输

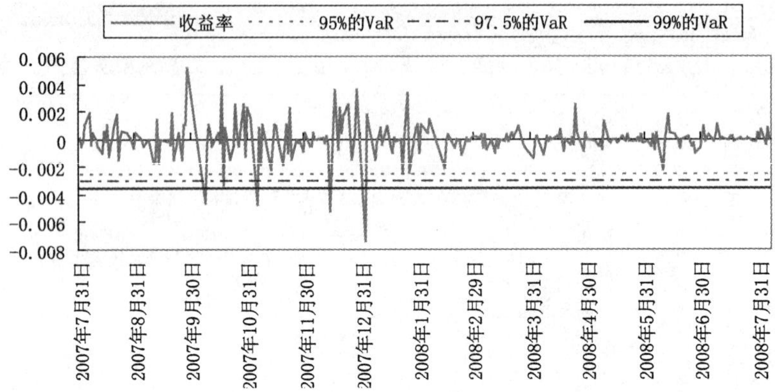


图 3－6　收益率和 VaR 的图形

入：＝STDEV（C1208：C1267）；回车。（3）分别求置信度为 95%、97.5% 和 99% 的日 VaR。单击 D1268 单元格，在编辑栏中输入：＝G1268－1.65＊H1268，回车；单击 E1268 单元格，在编辑栏中输入：＝G1268－1.96＊H1268，回车；单击 F1268 单元格，在编辑栏中输入：＝G1268－2.33＊H1268，回车。（4）选中单元格 D1268：H1268，按住鼠标左键向下拖动选定区域，扩展填充到 D1517：H1517；结果如图 3－7 所示。

Microsoft Excel - exl-9908.xls

I1277

| | A | B | C | D | E | F | G | H | I |
|---|---|---|---|---|---|---|---|---|---|
| 1263 | 2007-7-24 | 99.99 | 0.0001 | | | | | | |
| 1264 | 2007-7-25 | 99.86 | -0.0013 | | | | | | |
| 1265 | 2007-7-26 | 100.01 | 0.001502 | | | | | | |
| 1266 | 2007-7-27 | 100.03 | 0.0002 | | | | | | |
| 1267 | 2007-7-30 | 100.05 | 0.0002 | 95%的VaR | 97.5%的VaR | 99%的VaR | 收益率的均值 | 收益率的标准差 | |
| 1268 | 2007-7-31 | 100.06 | 1E-04 | -0.0016737 | -0.00196677 | -0.00231651 | -0.000114102 | 0.000945238 | |
| 1269 | 2007-8-1 | 100.01 | -0.0005 | -0.0016248 | -0.00191328 | -0.00225761 | -8.92745E-05 | 0.000930616 | |
| 1270 | 2007-8-2 | 100 | -1E-04 | -0.0016355 | -0.0019244 | -0.00226925 | -9.76028E-05 | 0.000932038 | |
| 1271 | 2007-8-3 | 100.11 | 0.0011 | -0.00164 | -0.00192793 | -0.00227157 | -0.000107553 | 0.000928764 | |
| 1272 | 2007-8-6 | 100.3 | 0.001898 | -0.0016462 | -0.00193721 | -0.0022845 | -9.74991E-05 | 0.000938629 | |
| 1273 | 2007-8-7 | 100.26 | -0.0004 | -0.0016756 | -0.00197643 | -0.00233553 | -7.41427E-05 | 0.000970554 | |
| 1274 | 2007-8-8 | 100.3 | 0.000399 | -0.0016869 | -0.00198684 | -0.00234478 | -9.0715E-05 | 0.000967409 | |
| 1275 | 2007-8-9 | 100.3 | 0 | -0.0016505 | -0.00194825 | -0.00230359 | -6.58796E-05 | 0.000960392 | |
| 1276 | 2007-8-10 | 100.25 | -0.0005 | -0.0016212 | -0.00191656 | -0.00226905 | -4.93288E-05 | 0.000952669 | |
| 1277 | 2007-8-13 | 100.15 | -0.001 | -0.0016182 | -0.00191322 | -0.00226539 | -4.76968E-05 | 0.000951799 | |
| 1278 | 2007-8-14 | 100.21 | 0.000599 | -0.0016302 | -0.0019266 | -0.00228035 | -5.27179E-05 | 0.000956064 | |
| 1279 | 2007-8-15 | 100.2 | -1E-04 | -0.0016277 | -0.00192517 | -0.00228022 | -4.43917E-05 | 0.000959581 | |
| 1280 | 2007-8-16 | 100.3 | [illegible] | -0.0016181 | -0.00191499 | -0.00226936 | -3.77614E-05 | 0.000957769 | |

图 3－7　用移动平均法计算 VaR

第五步，画出收益率和移动平均法计算的 VaR 的图形。选中区域 A1268：

A1517 和 C1268：F1517，画折线图，结果如图 3－8 所示。

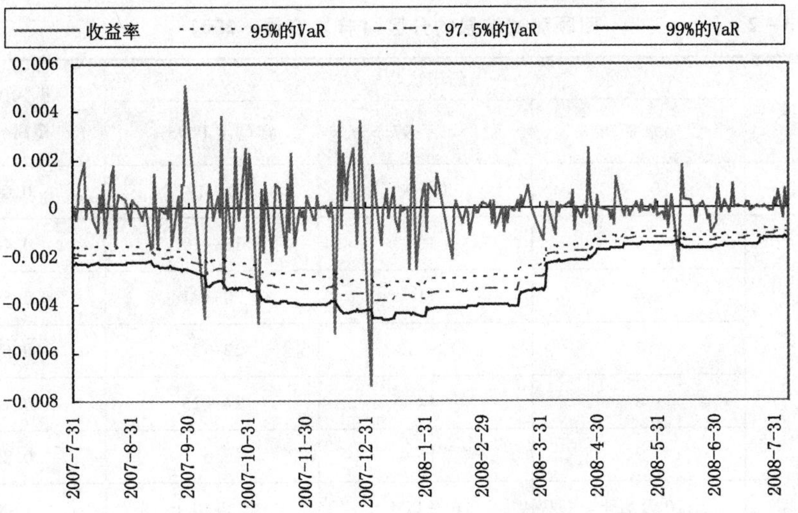


**图 3－8　收益率和 VaR 的图形**

## 三、模型的评价方法

采用回顾测试法对各种模型及模型参数进行评价和比较。例如，可以用 2002 年 5 月 8 日至 2007 年 7 月 30 日的收盘价的日变化率的 1 265 个数据为建模用历史数据，2007 年 7 月 31 日至 2008 年 8 月 6 日的收盘价的日变化率的 250 个数据值作为回顾测试检验数据，进行评价和比较。表 3－1 是巴塞尔委员会和国际清算银行（BCBS）规定的惩罚区。

**表 3－1　回顾测试结果的分区（样本容量：250，置信水平取 99%）**

| 区　域 | 超限次数 | 扩大因子提高比例 |
|---|---|---|
| 绿灯区 | 0—4 | 0.00 |
| 黄灯区 | 5 | 0.40 |
| | 6 | 0.50 |
| | 7 | 0.65 |
| | 8 | 0.75 |
| | 9 | 0.85 |
| 红灯区 | 10 及以上 | 1.00 |

对应的其他置信水平的惩罚区见表3－2。

**表3－2　　回顾测试结果的分区（样本容量：250）**

| 区　域 | 超限次数 | | | 扩大因子提高比例 |
|---|---|---|---|---|
| | 置信水平99% | 置信水平97.5% | 置信水平95% | |
| 绿灯区 | 0—4 | 0—9 | 0—17 | 0.00 |
| 黄灯区 | 5 | 10 | 18—19 | 0.40 |
| | 6 | 11 | 20—21 | 0.50 |
| | 7 | 12—13 | 22—23 | 0.65 |
| | 8 | 14 | 24—25 | 0.75 |
| | 9 | 15 | 26 | 0.85 |
| 红灯区 | 10及以上 | 16及以上 | 27及以上 | 1.00 |

### 四、金融市场风险的监测与控制

#### （一）市场风险管理的组织框架

商业银行对市场风险管理的组织框架一般包括董事会、高级管理层和相关部门三个层级。董事会承担对市场风险管理实施的最终责任，确保商业银行能够有效地识别、度量、监测和控制各项业务所承担的各类市场风险。高级管理层负责制定、定期审查和监督执行市场风险管理政策、程序和具体的操作规程，及时了解市场风险水平及其管理现状，确保各项业务所承担的各类市场风险能得到有效的管理。相关部门要具有明确的分工、相关职责能够被恰当地分离。负责市场风险管理的部门应当职责明确，与承担风险的业务经营部门保持相对独立。

#### （二）市场风险监测与报告

市场风险管理部门要有效地识别、度量市场风险，撰写有关市场风险状况的监测分析报告，定期、及时地向董事会、高级管理层和其他管理人员提供。市场风险报告有多种形式和作用，例如投资组合市场风险报告、风险分解“热点”报告、最佳投资组合复制报告、最佳风险对冲策略报告等。不同层次和种类的报告要遵循规定的发送范围、程序和频率。在正常市场条件下，通常每周向高级管理层报告一次，在市场激烈波动的情况下，需要进行实时报告。风险价值（VaR）和风险限额报告必须在每日交易结束后尽快完成。

（三）市场风险控制

市场风险的控制主要包括限额管理、风险对冲和经济资本配置等。限额管理的主要目标是确保将商业银行所承担的市场风险规模控制在可以承受的合理范围内，使所承担的风险水平与其风险管理能力和资本实力相匹配。通常的市场限额包括交易限额、风险限额和止损限额等。对采用内部模型法计量市场风险价值的银行，就可用风险价值限额来设定风险限额。风险对冲是指通过金融衍生产品等金融工具，在一定的程度上实现对冲市场风险。经济资本配置是指通过配置合理的经济资本来降低市场风险敞口。例如商业银行可根据前期各业务部门、交易员或交易产品的 VaR 占整体市场风险 VaR 的比例，在当期将经济资本分解到对应业务部门、交易员或交易产品。

## 第三节 基于 VaR 的信用风险管理

信用风险管理是针对交易对手、借款人或债券发行人具有违约或信用等级变动和履约能力变化“可能性”所产生的风险进行管理。信用风险管理者通过制定信息政策，指导和协调各机构业务活动，对从客户资信调查、付款方式的选择、信用限额的确定到款项回收等各个环节实行全面的监督和控制，以保障应收款项的安全及时回收。

### 一、信用风险

信用风险又称借款者违约风险，是指借款人、证券发行人或交易对手因种种原因，不愿或无力履行合同条件而构成违约，未能及时、足额偿还债务或银行贷款，致使银行、投资者或交易对方遭受损失的可能性。发生违约时，债权人或银行必将因为未能得到预期的收益而承担财务上的损失。

信用风险可能在违约发生前就已经形成，例如，当合约一方信用等级降低，履行义务的能力减弱时，也可理解为产生了信用风险。因此，现代的观点认为，信用风险是由于借款人、证券发行人或交易对方违约导致损失的可能性，以及由于借款人信用等级变动和履约能力变化而引起损失的可能性。

信用风险的主要特征有：（1）客观性，信用风险是客观存在的，不以人的意志为转移，企业的经营存在不确定性，免不了部分企业效益低，存在潜在的违约风险；（2）传染性，现代市场经济是建立在错综复杂的信用关系之上的信用经济，一个或少数信用主体经营困难或破产就会导致信用链条的中断和整个信用秩序的紊乱；（3）可控性，信用风险可以通过信用评估、信用管理进行控制，使信用风险产生的损失降到可以承受的范围内；（4）周期性，随着经济周期变化，信用扩张与收缩交替出现。

## 二、信用风险度量技术

根据分析技术和方法的不同，信用风险的管理可分为古典信用管理方法和现代信用管理方法。银行信用风险评估方法经历了从定性分析到定量评估，从静态财务评价到动态的基于证券市场的信用评价方法的发展。实际上，信用风险各种评估方法之间有着或多或少的联系，有些新方法是对传统方法或思想的继承和发展，因此新方法与传统方法并不存在绝对的界限。

### （一）传统的信用风险度量方法

传统的信用风险度量方法包括专家制度法、评级方法和信用评分法。

1. 专家制度法

专家制度是指银行的信贷负责人作出信贷决策。即在信贷决策中具有决定性的因素的是信贷负责人的专业技能，主观判断和对某些关键因素的权衡。专家制度的最大特征就是：银行信贷的决策权是由该机构那些经过长期训练、具有丰富经验的信贷管理人员所掌握，并由他们作出是否贷款的决定。在专家制度法下，绝大多数银行都采用“5c”要素法，即考虑借款人的品德与声望（Character）、资格与能力（Capacity）、资金实力（Capital or Cash）、担保（CoHateral）、经营条件或商业周期（Condition）。也有一些银行采用“5W”要素法，即借款人（Who）、借款用途（Why）、还款期限（When）、担保物（What）及如何还款（How）。还有的银行采用“5P”要素法，即个人因素（Personal）、借款目的（Purpose）、偿还（Payment）、保障（Protection）和前景（Perspective）。

无论是“5C”、“5W”或是“5P”要素法在内容上大同小异，它们的共同之处都是将每一要素逐一进行评分，使信用数量化，从而确定其信用等级，以此作为是否贷款、贷款的标准和随后贷款跟踪监测期间的政策调整的依据。

2. 评级方法

评级方法主要有贷款评级分级法和信用评级法。

(1) 贷款评级分级法。贷款评级分级法是对资产及资产组合的信用状况进行评价，并针对不同类别的贷款提取不同的损失准备。贷款内部评级分级模型将贷款分为五级：正常贷款、关注贷款、次级贷款、可疑贷款、损失贷款。目前我国有的银行业还在使用贷款五级分类法。

(2) 信用评级法。信用评级又称为资信评级或信誉评级，是对评级对象的特定证券或相关债务在其有效期内及时偿付的能力和意愿的评估，是对债务偿还风险的综合评价。信用评级的基本方法通常是运用概率理论，判断出某种特定债务或某个机构的违约概率，并常常使用专门的符号来标明其可靠程度。

3. 信用评分法

信用评分法的基本思想是首先确定某些决定违约概率的关键因素，再将它们联合考虑或加权计算出一个量化的分数，该分数可以有两种含义：违约概率或违约临界点。该方法主要包括 Z 值模型法和 A 值模型法。

Z 值模型是纽约大学的 Altman 教授 1968 年提出的用来预测企业是否面临破产的模型，模型中的 Z 值是 Altman 教授在 1968 年分析了美国破产企业和非破产企业的 22 个会计变量和 1 122 个非会计变量，从中选取了 5 个关键指标，然后通过几个财务比率计算出来的，财务比率从不同角度反映了企业财务的健康程度。构建 Z 值模型的第一步是选择能把正常企业与破产企业区分开来的关键指标，第二步是计算每一指标的加权系数。

$$Z = a_1x_1 + a_2x_2 + a_3x_3 + \cdots$$

其中，$x_1$，$x_2$，$x_3$，…是模型选用的指标；$a_1$，$a_2$，$a_3$，…是每一个指标对应的系数。如果 Z 值较高，那么企业就比较健康，如果 Z 值较低，则企业潜在的破产可能性就较大。此后，研究者又开发了类似的模型，区别主要在于选择了不同的财务指标和对应的系数。

A 值模型是一个以更客观的判断为基础的企业破产预测模型。模型中列出了与破产有关的各种不良现象，并给每个现象规定了一个最高分值，评价时，给企业打出每一项相应的分数，然后相加，分数越高，情况越差。总分为 100 分，如果某一企业分数超过 25 分，就有破产的可能。

（二）现代信用风险度量模型

新资本协议推荐使用内部评级法（Inner ratings—based approach，IRB），该方法提出4个主要参数，分别是违约率（Probability of default，PD）、违约下的损失率（Loss of Given Default，LGD）、违约暴露（Exposure at Default，EAD）及期限（Maturity，M），允许金融机构使用自己内部的计量数据确定资本要求。

随着计算机技术的飞速发展，金融学及数学专家将金融建模技术和分析方法应用到了信用风险管理领域，建立了一批信用风险模型。这些模型主要可归为两大类：盯市模型和违约模型。盯市模型是以资本市场价值变化为基础计算VaR的模型，违约模型是集中预测违约的损失。这些模型中影响较大的有J. P. 摩根公司的Credit Metrics模型，KMV公司的Credit Monitor Model模型，瑞士波士顿第一银行产品部（Creditfirst Financial Products，CSFP）的Credit Risk+模型和麦肯锡（McKinsey）公司的Credit Portfolio View模型。这些模型的建立为控制信贷或资产组合的信用风险提供了有效方法，通过修正，这些模型已经被银行界和资产管理公司广泛运用。

1. KMV模型（Credit Monitor Model）。

该模型是1993年由KMV公司开发的，它利用Black－Scholes期权定价公式，根据企业资产的市场价值、资产价值的波动性、到期时间、无风险借贷利率及负债的账面价值估计出企业股权的市场价值及其波动性，再根据公司的负债计算出公司的违约实施点，然后计算借款人的违约距离，最后根据企业的违约距离与预期违约率（EDF）之间的对应关系，求出企业的预期违约率。

由于该模型是在BSM基础上建立起来的，需要满足BSM模型的基本假设，即公司股票价格是个随机过程，允许卖空，没有交易费用和税收，证券可分性，不存在套利机会，证券交易的连续性，无风险利率在借款人还清债务前保持不变。

该模型的主要优势是有较好的理论基础，即期权理论的“结构性模型”，它主要采用股票市场的数据，数据和结果更新快，具有前瞻性。该模型的主要缺点是假设比较苛刻，对于非上市公司，不得不采用历史财务数据，数据的时效性大打折扣。它是违约式（Default. Mode，DM）模型。

2. 信用度量模型（Credit Metrics）。

1997年，美国J. P. Morgan集团与其他几个国际银行共同开发出了评估信用风险的量化度量模型（Credit Metrics），现已成为当今世界最为著名的信用风险度量模型之一。

Credit Metrics 模型主要以资产组合理论和 VaR 理论为依据，在统计大量历史数据的基础上计算出不同年限的信用等级迁移矩阵和违约率，然后以信用评级为基础进行信用分析。该模型假设在同一级别的债券具有相同的迁移矩阵和违约率，迁移概率遵循马尔可夫过程（Markov Process），同时迁移概率具有稳定性，且实际违约率等于历史违约率：风险期限是固定的，一般为一年。在该模型中，不同债务人的信用等级的联合分布是用两者资产回报率联合分布来估计的，资产回报率的联合分布又用所有者权益收益率的联合分布来代替。该模型认为违约的含义不仅指债务人到期没有偿还债务，还可指债务人信用等级的下降所导致的债券市场价值下跌。

该模型有两种计算方法，一是正态分布假设下的解析法，假设资产价值服从正态分布下，可以根据信用等级迁移矩阵求出未来资产价值和方差，可以求出在一定置信水平下的资产最大损失。二是采用蒙特卡罗模拟法，可利用 VaR 方法计算债券可能的最不利的变化，即向较差信用等级迁移的可能性，用此方法来计算在一定置信水平下债券最大可能的损失。两种方法都是通过均值、标准差、分位数、边际贡献等参数表达组合风险的特征。

该模型的主要优点是有两种计算方法，在一定程度上避免了资产收益率正态性硬性假设，适用范围非常广泛。该模型的缺点是大量证据表明信用等级迁移矩阵未必是稳定的，它受到行业、国家因素、周期因素等影响。

3. 信用组合观点模型（Credit Portfolio View）

1998 年，麦肯锡（McKinsey）公司建立了信贷组合观点模型，该模型突破了信用度量模型的假设，在 Credit Metrics 的基础上，对周期性因素进行了处理，该模型认为迁移概率在不同类型的借款人之间，以及不同经济周期之间不是稳定的，会受到如国别、经济周期、失业率、GDP 增长速度、长期利率水平、外汇汇率、政府支出、总储蓄率、产业等因素的影响。迁移概率在经济扩张期一般会变动较大，而在衰退期的变动会比在扩张期还要大。该模型采用两种方法处理周期性因素及其影响，第一种方法是将过去的样本期间划分为衰退期和非衰退期，计算出一个衰退时的迁移矩阵和一个非衰退时的迁移矩阵，以得到两种分开的 VaR 计算结果；第二种方法是直接建立迁移概率与宏观因素之间的关系模型，通过制造宏观上的对于模型的“冲击”来模拟迁移概率的跨时演变。

该模型的优点是较为充分地考虑了宏观经济环境对信用等级迁移的影响，信用等级迁移概率具有盯市性，因而它可以与信用度量模型结合起来使用，提高信用风险度量的准确性。该模型的缺点主要是模型的数据依赖于国家很多宏观经济数据，因而数据处理与计算较为繁杂。

4. 信用风险附加模型（Credit Risk +）

瑞士信贷第一波士顿银行开发的信用风险附加模型是一个违约模型，其思想源于保险精算学，认为损失决定于灾害发生的频率和灾害发生时造成的损失或破坏程度，它不具体分析违约的原因，该模型也只针对违约风险而不涉及转移风险，特别适于对含有大量中小规模贷款的贷款组合信用风险分析。该方法假设贷款组合中任何单项贷款是否发生违约是随机的；每项贷款发生违约的可能性是独立的，该方法假设贷款组合中单项贷款的违约概率分布服从 Possion 分布。

信用风险附加模型的优点是它只要求有限的输入数据，基本上只有贷款组合中各组的贷款违约率、违约率波动率和风险暴露，因此贷款损失很容易计算。该模型的缺点是只将违约风险纳入模型，没有考虑信用等级迁移。

上述四个模型，从不同的角度阐述了信贷风险管理的要点，侧重点不同，对象不同，应用方向和时间不同，但都是先进的管理理念，有较坚实的理论基础，并且具有实际应用价值，基本覆盖了信贷风险管理的整个过程。

但是，决策层、管理层和操作层的人员需要结合自己所积累的经验来掌握和运用这些模型。不能因新模型的使用而完全放弃传统的风险管理方法，应做到互相借鉴、有机结合。

### 三、信用风险的监测与控制

1. 信用风险监测

信用风险监测是指风险管理人员通过各种信用风险测量技术，动态捕捉信用风险指标的异常变动，判断其是否已达到引起关注的水平或已超过阀值，如果是，则要及时调整授信政策、优化资产组合结构、利用资产证券化等分散或转移信用风险，将风险的损失降到最低。风险监测的对象包括单一客户监测和组合风险监测。信用风险监测的主要指标是不良资产/贷款率、预期损失率、单一（集团）客户授信集中度、贷款风险迁徙率和不良贷款拨备覆盖率、贷款损失准备充足率等。

2. 风险预警

风险预警是指商业银行根据各种渠道获得的信息，采用专家判断或应用一定的模型分析方法如时间序列分析、层次分析和功效计分等方法，对商业银行信用风险状况进行动态监测和早期预警。主要有对行业环境风险预警、区域风险预警和客户风险预警等。

3. 信用风险控制

商业银行的信用风险控制方法主要有限额管理、信用风险缓释、关键业务流程/环节控制、资产证券化、信用衍生品和信用风险资本的计量等。限额管理包括单一客户授信限额管理、集团客户授信限额管理、国家风险限额管理、区域风险限额管理和组合限额管理等，信用风险缓释是指银行运用合格的抵（质）押品、净额结算、保证和信用衍生工具等方式转移或降低信用风险。资产证券化包括信贷资产证券化、实体资产证券化、证券资产证券化和现金资产证券化。

信用风险作为一种古老的风险形式，在长期以来，人们采取了多种方法来规避，以期减少损失。近年来，出售有信用风险的资产也成为管理信用风险的新方法。银行可以将贷款直接出售或将其证券化。银行还可以把有信用风险的资产组成一个资产池，将其全部或部分出售给其他投资者。当然，使用各种方法的目的都是转移信用风险而使自己本身所承受的风险降低。

## 第四节　基于 VaR 的操作风险管理

### 一、操作风险及其类型

操作风险是指由于内部程序、人员、信息系统的不完备或失效，或由于外部事件造成损失的风险。根据监管机构的规定，操作风险包括法律风险，但不包括声誉风险和战略风险。商业银行的操作风险可按人员因素、内部流程、系统缺陷和外部事件四大类别进行分类。

（一）人员因素

操作风险的人员因素主要是指商业银行员工发生的内部欺诈、失职违规、知识技能匮乏，核心雇员流失、违反用工法等造成损失或不良影响而引起的风险。内部欺诈指机构内部人员参与的诈骗、盗用资产、违反法律以及公司的规章制度的行为。违反用工法指雇用合同以及工作状况带来的风险事件，如由于不履行合同，或者不符合劳动健康、安全法规所引起的赔偿要求。

（二）内部流程

内部流程因素引起的操作风险是指由于商业银行业务流程缺失、设计不完善，或没有被严格执行而造成的损失。内部流程因素主要包括财务/会计错误、文件/合同缺陷、产品设计缺陷、错误监控/报告、结算/支付错误、交易/定价错误等。

（三）系统缺陷

系统缺陷引发的操作风险是指由于信息科技部门或信息技术服务外包提供商提供的计算机系统或设备发生故障或其他原因，导致商业银行不能正常提供全部/部分服务或业务中断而造成的损失。系统缺陷包括系统设计不完善和系统维护不完善，具体表现在数据/信息质量问题、违反系统安全规定、系统设计/开发的战略风险以及系统的稳定性、兼容性、适宜性等方面的问题。

（四）外部事件

外部事件因素是指商业银行的外部政治、经济和社会经营环境的变化和外部突发事件等对银行正常经营活动的影响和造成的损失。产生损失的原因可能是内部控制失败或内部控制存在薄弱环节，也可能是外部因素对商业银行运行造成威胁。外部事件因素包括外部欺诈（第三方的诈骗、盗用资产、违反法律的行为）、洗钱、政治风险、监管规定、业务外包、自然灾害、恐怖威胁等。

与信用风险、市场风险相比，操作风险具有以下特点：（1）风险因素来源于银行业务操作的比例很大，是银行可控范围内的内生风险。（2）操作风险涉及银行经营管理所有方面。既有发生频率高、但损失相对较低的日常业务流程处理上的小纰漏，也有发生频率低、但一旦发生就会造成极大损失，甚至危及银行存亡的自然灾害等。（3）操作风险与报酬不存在相应的关系。（4）业务规模越大、交易量越大、结构变化越迅速的业务领域，受操作风险冲击的可能性越大。

## 二、操作风险计量

操作风险计量是指对业务中的操作风险进行量化。操作风险的计量是操作风险管理的前提与基础，是确定资本充足水平的重要依据。目前操作风险的计量方法还不如市场风险和信用风险的计量方法完善。计量操作风险的困难是由其特殊性决定的。一是操作风险通常是突发的，没有可以预测其发生的客观指标，因此具有更大程度的不可预测性。二是操作风险损失的不可预测性。不同的操作风险事件发生造成的损失是不一样的，即使同样的事件发生产生的损失也通常是不一样的，这就造成了操作风险损失上的不可预测性。三是操作风险分布的不平衡性。操作风险在不同的部门、不同的分支机构中分布是不同的，在业务规模大、交易量大、结构变化迅速的业务领域操作风险的损失也较大。由于操作风险的上述特性，直接计量操作风险很困难，因此，首先要根据操作风险的内容将其划分为两个部分：（1）高频低冲击事件风险。它是指发生概率比较高，在经营过程中经常会发生的事件，但发生时给银行带来的损失比较小。对于这一类风险，可以建立比较准确的计量模型，并且对未来预期损失作出较为准确的估算。（2）低频高冲击事件风险。它是指发生的概率比较小，很难对它准确预期，一旦发生就会对银行造成很大损失的事件。对于这一类风险，属于一种极端的情况，通常并不会发生，因此对它的测度要采用情景分析的方法。对待不同特性的风险类型需要采用不同的计量方法对其计量，最后将风险资产的数额加总，得出银行面临的全部操作风险的度量。

根据新巴塞尔协议的建议，对操作风险的计量主要有三种方法：基本指标法、标准法和高级计量法。其中高级计量法又可以分为内部衡量法、损失分布法等。

### （一）基本指标法

基本指标法是巴塞尔银行监管委员会提供的计算操作风险的三种方法中，最简单的方法。根据基本指标法，银行持有的操作风险资本金等于其前 3 年总收入的平均值乘上一个固定比例（α），α 为固定值 15%。计算公式如下：

所需要的资本 = α × 银行前 3 年总收入平均值

其中，总收入定义是非负净利息收入、非负净非利息收入（包括交易净收入和其他收入）的总和。α 取固定值 15%，这是由巴塞尔委员会自定的。

基本指标法的适用范围是小型的、业务范围限于某一国内的银行。其中总收入指标比较容易获取、可以校验，具有连续性和可比较性的特点，所以选取总收入是一个比较简便的做法。

（二）标准法

标准法的基本思路是：将银行业务活动划分为8个标准化业务种类，并各设定一项指标以反映该类业务的规模及业务量，如收入规模或资产规模。对每类业务设定一个固定百分比系数β，将其乘上相应的指标，作为该业务的操作风险资本金配置要求。将各业务种类所占用的资本金配置要求相加，得到银行的总操作风险资本金配置要求（见表3-3）。

$$所需要的资本 = \sum_{i=1}^{8} \beta_i \times EI_i$$

其中：$\beta_i$——巴塞尔委员会设定的第 $i$ 个业务类的固定百分比。

$EI_i$——第 $i$ 个业务种类的指标。

标准化法细化了银行的业务部门，不同的业务部门被赋予不同的操作风险权重，但并不意味标准化法具有更高的风险敏感度。

**表3-3　　巴塞尔委员会设定的不同业务类别及其β值**

| 业务单位 | 业务种类 | 指标 | 系数β的范围（%） |
|---|---|---|---|
| 投资银行 | 公司业务 | 总收入 | 18 |
| | 债券交易 | 总收入 | 18 |
| 银行 | 零售银行业务 | 年平均资产 | 12 |
| | 商业银行业务 | 年平均资产 | 15 |
| | 支付清算 | 服务费收入 | 18 |
| 其他 | 零售经纪业务 | 总收入 | 12 |
| | 资产管理 | 管理资产的收入 | 12 |
| | 代理服务与托管 | 净收费/佣金收入 | 15 |

（三）高级计量法

高级计量法分为内部衡量法、损失分布法。

1. 内部衡量法

假定预期损失和非预期损失之间具有固定和稳定的关系。这种关系既可以是线性的，即资本配置要求是预期损失的简单倍数，也可能是非线性的，即资本配置要求是预期损失的复杂函数。内部衡量法在标准法的基础上进一步对每一个业务类别划分为 7 个损失事故类型（内部欺诈；外部欺诈；就业政策和工作场所安全性；客户、产品及业务操作；实体资产损坏；业务中断和系统失败；执行、交割及流程管理），对每一个业务类别/事故类型组合（共 56 个组合），银行可以使用自己的损失数据来计算组合的期望损失值（EL）。与标准法相同，巴塞尔委员会把金融机构的业务分为不同的类型并对组合类型规定一个风险暴露指标（EI），该指标表示业务类型操作风险暴露的规模或数量。金融机构通过内部损失数据计算出给定损失事件下操作风险的发生概率（PE）以及该事件的损失程度（LGE）。然后监管者根据全行业的损失分布，为每个业务类型组合确定一个将预期损失转换成资本要求的转换因子 β，利用该因子计算出每个业务单位的监管资本要求。用内部度量法计算的总监管资本要求（K），其计算公式为：

$$K = \sum_{i=1}^{8}\sum_{j=1}^{7}\beta_{ij} \times EL_{ij} = \sum_{i=1}^{8}\sum_{j=1}^{7}\beta_{ij} \times EI_{ij} \times PE_{ij} \times LGE_{ij} \times RPI_{ij}$$

其中：$\beta_{ij}$——将预期损失转换成监管资本要求的转换因子；

$EL_{ij}$——操作风险的预期损失；

$EI_{ij}$——操作风险的损失风险暴露；

$PE_{ij}$——损失事件发生的概率；

$LGE_{ij}$——给定事件概率下每个损失事件的平均损失比率；

$RPI_{ij}$——各银行具体风险状况与行业风险区别的风险特征指数。

操作风险需要的总监管资本是每个产品线和损失类型组合所要求的监管资本的总和。

2. 损失分布法

损失分布法是利用统计或保险精算技术来计算整体损失分布。在损失分布法中，银行针对每个业务类别/风险类型估计操作风险损失在一定期间（比如一年）内的概率分布，这种概率分布的估计通过对操作风险损失发生频率和损失额度的估计来实现，利用操作风险损失分布函数 F(x) 来计算风险价值 VaR，得到在一定的置信水平下，直接度量操作风险最大可能损失。

设 x 表示操作风险损失的独立同分布的随机变量，其分布函数为：

$$F(x) = P\{X_i \leqslant x\} \leqslant q$$

其中，q 为一定的置信水平，给定 q，对于分布函数 F(x)，则可以确定其 VaR 值，即：

$$VaR_q = F^{-1}(q)$$

其中，$F^{-1}$为分布函数 F 的反函数。相应的，监管资本要求就是每个业务类别/事故类型组合 VaR 值的简单加总。

内部度量法与前两个模型相比最大的优势在于银行可以使用自身的损失数据来计算监管资本要求，监管资本的大小能够随银行操作风险管理和损失特征的不同而有所不同。这更加真实地反映了银行所承受的操作风险，银行可以因此作出及时有效的风险管理措施防范和化解银行面临的操作风险。但内部度量法的使用必须满足协议规定的一般标准和特定的定性定量标准。

损失分布法要求银行自主划定业务产品线，事故类型组合，通过计算 VaR 直接衡量非预期损失，而不是通过假设非预期损失与预期损失之间的关系得到，具有更强的风险敏感性；其次，损失分布法采用银行自身的历史数据对风险进行模拟，较其他方法更能体现银行自身的风险特点，而且损失分布法强调建模，具有一定的前瞻性，代表了操作风险量化管理的发展方向。

### 三、操作风险的监测与控制

商业银行需制定一整套程序，定期监测操作风险状况和重大风险事件，测量操作风险，并及时向高级管理层和董事会报告有关信息。关键风险指标包括交易量、员工水平、技能水平、客户满意度、市场变动、产品成熟度、地区数量、产品复杂度和自动化水平等。这些关键风险指标的显著波动可能是操作风险总体性质发生变化的信号，对这些关键风险指标设定阀值和监测频率，定期对其进行分析，往往可以预测商业银行未来特定时段的操作风险状况，及时向高级管理层发出预警和报告，以便对异常风险状况及时采取行动。

操作风险的控制包括操作风险控制环境、操作风险缓释和主要业务操作风险的控制。操作风险控制环境包括公司治理、内部控制、合规文化和信息系统四个要素。公司治理是控制操作风险的基石。商业银行的操作风险管理委员会和操作风险管理部门负责操作风险管理体系的建立和实施，确保全行范围内操作风险管理的一致性和有效性，协助其他部门识别、评估和检测本行重大项目的操作风险。各业务部门对操作风险的管理情况直接负责，要确定专人负责本部门的操作风险管理。内部审计部门负责定期检测评估操作风险管理体系的运作情况和运行效果，至接向董事会报告。健全的内部控制体系是商业银行有效识别和防范操作风险的重要手段。合规文化和内部控制体系是操作风险管理的基础，只有把先进的合规文化贯穿到商业银行的发展战略中，根植于整个银行的运行中，内化为员工的职业态度和工作习惯，才能构建起抵御风险的坚强防线。商业银行信息系统主要包括面向客户的业务信息系统和主要供内部管理使用的管理信息系统。操作风险管理信息系统则是用于建立损失数据库、对操作风险进行识别和评估、对风险指标进行监测和报告、建立资本模型和进行操作风险管理辅助决策的管理信息系统。

根据商业银行的资本金水平和操作风险管理能力，可以将操作风险划分为可规避的操作风险、可降低的操作风险、可缓释的操作风险和应承担的操作风险四种类型，分别采取相应的管理策略。对于可缓释的操作风险，商业银行可采取包括保障连续营业的方案、购买商业保险和业务外包三种常用操作风险缓释手段。连续营业方案是指建立完备的灾难应急恢复和连续营业方案，用于应对可能遭受的各种意外灾害等低频高损事件的威胁。对于超过商业银行自身管理能力的操作风险，通过购买商业保险也是操作风险缓释的有效手段。商业银行还可以将某些业务外包给具有较高技能和规模的其他机构来管理，用于转移操作风险。

主要业务操作风险的控制是指商业银行针对其主要的业务种类和运营方式，分析操作风险点并采取相应的控制措施。目前我国商业银行的业务种类主要有柜台业务、法人信贷业务、个人信贷业务、资金交易业务和代理业务等五个方面。

根据我国监管机构的要求，商业银行可以选择标准法、替代标准法或高级计量法计量操作风险监管资本。

# 第四章

# 商业银行压力测试

## 第一节 压力测试概述

### 一、压力测试的发展

许多国家的经验表明，金融发展可以促进经济增长，金融系统的脆弱和不稳定同样能够严重阻碍经济增长。随着经济金融全球化进程的加快，各国政府和国际金融组织高度重视维护金融体系的整体稳定，国际上对金融体系的优点和脆弱性的系统性评估的关注日益增多。制定维护金融体系稳定和促进金融发展的政策已成为世界各国政策制定者关注的核心领域。

国际清算银行（BIS）巴赛尔银行监管委员会提出，可根据其内部模型估计的风险价值（VaR）来作为计算资产市价变动风险的资本准备的规范草案，并将此草案提交国际证券监管组织（IOSCO）。IOSCO（1995）认为应在此草案框架下进行压力测试，用于模拟发生极端状况时的异常损失，以确定金融机构是否有能力抵御这种极端状况。所谓异常损失（Catastrophe Loss，CL），是超过银行风险资本可以覆盖的非预期损失以外的损失，是小概率事件，通常发生于测度非预期损失时一定的置信水平之外，这是压力测试最早提出之时(见图4-1)。

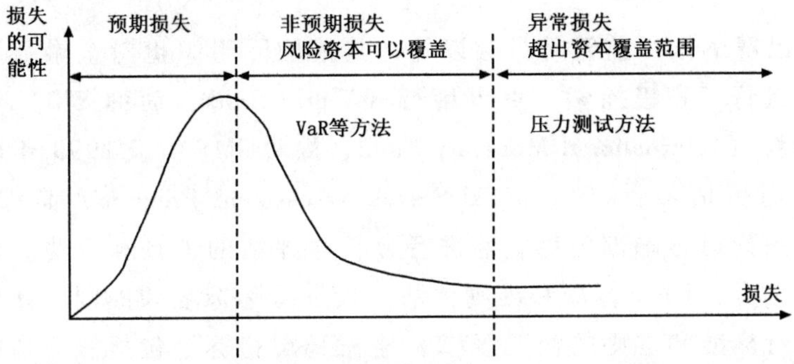


图4-1　风险管理的补充机制——压力测试

随后，BIS（1996a）提到，银行应定期进行压力测试，且应包括定性与定量分析。定量分析应包括认定银行可能面临的市场压力情景，定性分析应强调压力测试的两项基本目标，一是评估银行承受巨额损失的能力；二是确认银行所采取的降低风险及保全资本的步骤。IOSCO（1999）指出，商业银行一般采用的VaR模型是根据某一既定时点下的数据，并在若干假设下计算市场正常情况时最大可能损失，因此主管部门在评估商业银行所采用的风险监控模型时，应将是否包含合理的压力测试程序列为条件之一。但由于不同商业银行在各种不同环境下都有遭受巨大损失的可能性，因此无法列举可能使所有商业银行均产生巨大损失的一组单一情景。如果任一商业银行只使用单一的一组标准情景执行压力测试而不作积极的判断，则极难察觉对其资产组合产生巨大影响的风险事件。另外，由于商业银行的交易策略及市场环境均会随时改变，因此，压力测试所设定的情景也应因时制宜，主管部门应要求银行对于压力测试所设定的情景作定期复核。

2000年开始，根据巴塞尔委员会《银行机构流动性管理的稳健做法》，各国央行均对金融体系内部开展了不同范围的流动性风险监管，并制定了压力测试的指导性纲领。2004年6月，巴塞尔银行监管委员会公布了《新资本协议》框架。根据新巴塞尔协议有效监管体系核心原则对风险监管的要求，各种关于压力测试的指引、方案相继出台。如2005年国际清算银行的《压力测试在主要金融机构的调查结果与实践情况》对各国的压力测试方法、手段进行了调查统计分析；2007年欧洲银行监管委员会的《监管检查过程中压力测试的技术框架》及2008年巴塞尔委员会的《流动性风险管理与监管挑战》等，给各国的商业银行风险防范和压力测试提供了不少可供参考的范本。

除了巴赛尔银行监管委员会以外，其他国际组织也对金融风险监测和压力测试进行了积极探索。世界银行（World Bank，简称WB）和国际货币基金组织（International Monetary Fund，简称IMF）于1999年联合发起的金融部门评估项目（Financial Sector Assessment Program，简称FSAP），构建了一系列对金融部门稳定性进行分析与评估的工具和方法。评估方法主要包括三类：（1）标准和准则评估。根据国际标准和准则，评估一国金融部门执行标准和准则的情况。（2）金融稳健指标。包括核心指标和鼓励指标两大类，用以分析和评价金融体系的实力和脆弱性。（3）压力测试。通过分析宏观经济变量的变动可能对金融体系稳健性带来的影响，来对金融部门的风险和脆弱性进行评估。使用这些工具的目的，在于监测金融体系的稳健性和可持续发展，分析金融部门和宏观经济之间的联系，评估货币政策和财政政策各个方面的有效性，并促进核心金融政策领域的协调与国际合作。

由以上国际性及国家性监管机构所发表的报告来看，压力测试已被监管当局视为金融机构风险管理中的重要一环。各国也纷纷开始实施压力测试。2003年，中国银监会响应FSAP项目号召，要求国内各商业银行开展利率变动、汇率变动、准备金调整、不良贷款变动对商业银行资本金和盈利的影响的四个子课题的压力测试工作。中国银行于当年在资金业务市场风险管理中应用了压力测试方法。2003年末，中国工商银行、中国农业银行、中国银行、中国建设银行、中国交通银行和深圳发展银行在我国银行业监督管理委员会（以下统称银监会）组织下，对所在行的信用风险、利率风险（人民币、外币）、汇率风险、流动性风险四个方面进行了第一次压力测试。但受限于当时技术水平和专业人才缺乏，压力测试的推广工作收效不大。在次贷危机爆发的前一年，中国银监会要求所有商业银行对房地产贷款进行压力测试，还专门聘请了境外咨询机构对中国银行业的房地产贷款进行整体测试。在上述工作的基础上，2007年底，中国银行业监督管理委员会颁布了《关于印发商业银行压力测试指引的通知》和《商业银行压力测试指引》，并规定国有商业银行和股份制银行最迟应于2008年底前，城市商业银行和其他商业银行最迟应于2009年底前按照指引要求开展压力测试工作，以提高我国商业银行的风险防范能力，标志着我国商业银行压力测试制度正式建立。我国银行业主要从宏观和微观两个层面上评估宏观经济变量的极端变动对于银行体系稳健性的影响：宏观层面上由银监会进行整体的银行体系的压力测试；微观层面上由商业银行各自进行压力测试。目前，对银行业进行的压力测试主要进行单因素敏感性分析，具体冲击因素包括信用风险、利率风险、汇率风险和流动性风险。

## 二、压力测试的概念

IOSCO（1995）指出：压力测试是假设市场在最不利的情形（如利率突然急升或股市突然重挫）时，分析对资产组合的影响效果；IOSCO（1999）进一步具化了这一概念，提出压力测试是将资产组合所面临的极端但可能发生的风险加以认定并量化。从以上两个定义可以看出，压力测试的重点在于分析市场产生压力情景时，金融机构或体系对于资产组合产生损失的最大承受能力，并将此极端风险量化的过程。国际清算银行巴塞尔银行全球金融系统委员会（BIS committee on the global financial system，BCGFS，2000）将压力测试定义为金融机构衡量潜在但可能（plausible）发生异常（exceptional）损失的模型。《台湾财务会计准则公报》第 33 号定义压力测试为：透过情景设定或历史信息，根据可能之风险因子变动情形，重新评估金融商品或投资组合之价值，以作为判断企业蒙受不利影响时，能否承受风险因子变动之参考。我国银监会将压力测试定义为：压力测试是指将整个金融机构或资产组合置于某一特定的（主观想象的）极端市场情况下，如假设利率骤升 100 个基本点、某一货币突然贬值 30%、股价暴跌 20% 等异常的市场变化，然后测试该金融机构或资产组合在这些关键市场变量突变的压力下的表现状况，看是否能经受得起这种市场的突变。

基于以上观点，本章将压力测试定义为：用各种技术评估金融机构或体系对特殊事件的脆弱程度的分析过程，通过定量分析测试金融机构甚至整个金融体系抗击冲击的能力，从而判断、监测金融机构出现风险的可能性、敏感性和脆弱环节。

## 三、压力测试的流程

IMF 将压力测试的流程归纳为如图 4-2 所示。

压力测试一般包括如下步骤：

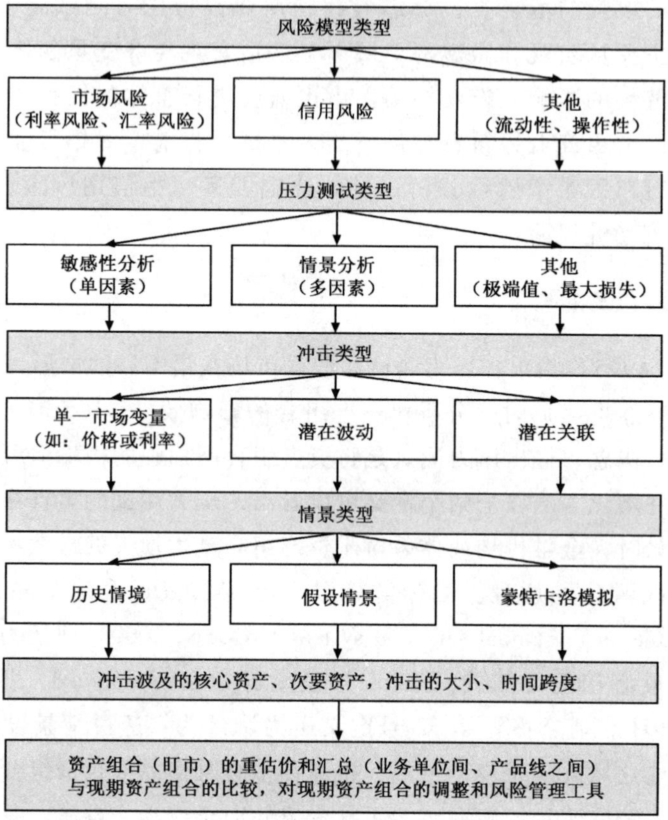


**图 4－2　压力测试流程①**

（一）识别风险模型类型

在这个阶段里，研究者识别感兴趣的、金融机构（或金融制度）最主要的脆弱点，确定风险模型的类型，包括市场风险（如利率风险、汇率风险、商品风险、股票价格风险等）、信用风险或是其他风险（例如流动性、操作性风险等）。对同一资产组合或制度的所有风险因子同时进行压力测试是不实际的，因而需要聚焦于某几个重要的风险因子上。这不仅能使压力测试更有效，也能节省时间和精力、突出重点。

利率风险是指利率变动可能影响金融机构的资产、负债及表外项目价值的

---

① 资料来源：Winfrid Blaschke，Matthew T. Jones，Giovanni Majnoni，and Soledad Martinez Peria，Stress Testing of Financial Systems：An Overview of Issues，Methodologies，and FSAP Experiences，IMF Working Paper，Monetary and Affairs Department，June 2001.

风险。汇率风险是指汇率变动可能影响金融机构的资产、负债及表外项目价值的风险。汇率风险可能是直接的（金融机构买入或持有外汇头寸），也可能是间接的（金融机构债务人或交易对手持有的外汇头寸可能会影响他们的信誉）。甚至，汇率风险还有可能来自于本币头寸（如果该本币头寸与汇率有关）。最常用的外汇风险暴露测度指标是机构净敞口外汇头寸（根据巴塞尔银行监管委员会的推荐，应包括净即期头寸、净远期头寸、确定会被要求履行且可能无法撤销的担保、尚未记入但已全部进行套期保值的未来收入/费用、以外币计算利润或损失的其他任何项目等）。由于外汇风险暴露变化频率高且幅度大，因此压力测试的结果很容易过时，尤其是当压力测试基于监管报告或金融机构发布的年报时。为及时掌握汇率风险的新情况，必须用金融机构提供的新数据，同时补充以从各种渠道获得的历史数据。商品风险指因商品价格变化而产生的银行资产、负债及表外项目的市场价格变化所导致的潜在损失。股票价格风险指股票价格变动影响金融机构资产、负债以及表外项目价值的风险。

信用风险是交易对手或债务人无法履行合同责任的风险。它指一项资产的现金流无法根据合同协议完全得到支付的风险。通常情况下，信用风险压力测试从收集信贷资产质量开始，如监管部门将其分为正常贷款和不良贷款。

其他风险中，资产流动性风险是指无法按照当前市场价格变现资产的风险（如减价出售）；筹资流动性风险是指无法获得足够资金来及时履行支付责任的风险（缺乏筹资流动性经常被看作银行面临严重财务困难的关键信号）。

识别脆弱性可以通过观察金融机构（或金融制度）的指标来完成。可观察的指标有三大类：宏观水平指标（Macro - level Indicators）、结构指标（Structural Indicators）和金融稳定指标（Financial Soundness Indicators）。

举例来说，大多数银行的业务或资产组合都有利率风险，在选择测试对象时必须慎重。例如，若某银行利息收入的90%来自贷款，银行利息支出的90%来自存款；而利息净收入占总营业收入的比例为90%，如果压力测试的压力指标为盈利能力（或利润率），则利率风险测试的目标业务组合可以只选择贷款和存款业务，这个目标业务组合在利率极端不利变化下的测试结果将会很好地突出反映利率风险对银行盈利能力的极端不良影响。

以汇率风险压力测试为例。由于测试对象主要是测试机构中所含汇率头寸的汇率风险，因此，汇率风险的压力测试面临的首要问题是如何确定哪些头寸具有重大的汇率风险暴露。Blaschke 等（2001）建议从两个角度考虑：从公司的总体看是否很重要、头寸本身是否具有显著的风险敞口。这里可以参考巴塞尔委员会在确定资本要求时的原则，“外汇多头或空头两者取大后的价值超过了自有核心资本的100%，或者净外汇交易头寸超过了经济资本的2%”，则认为存在显著的外汇风险。由于目前国内商业银行的外汇风险不仅存在于银行持有的外汇头寸，还存在于外汇衍生工具头寸中，所以不能因为看到金融机构表内的外汇风险较低就自动认为具有很低的外汇风险敞口。

（二）确定压力测试类型

在识别出金融机构或金融制度的脆弱性之后，接下来需要针对这些脆弱性建立基准情景，确定压力测试的类型、压力因素和压力指标，包括测试单因素的敏感性分析，多因素的情景分析和其他类型（如极端值、最大损失等）。敏感性分析作为一种单一因素分析，主要考虑利率或者汇率等因素的变动对商业银行经营和风险承担能力的影响。各国金融机构对于上述因素变动幅度的设定是不同的。此分析方法的优点在于简单易行，操作性强，缺点则是执行者对于每一因素变动所取的幅度及范围必须十分恰当，否则将会影响分析的结果与判断，特别是对于非线性报酬率的资产组合，此种情况将更为显著。情景分析则通过模拟多项风险因素（例如股价、汇率及利率）的压力情景，评估商业银行资产组合价值的变动。敏感测试方法会凸显具体风险因素对某个组合或业务部门的影响；情景分析法则评估压力测试包含的所有风险因素出现变动造成的整体影响。因此，商业银行较常采用后者以得出整体机构的压力测试结果。然而，好的情景分析必须有良好的宏观经济计量模型做支撑。目前国外金融机构或是政府在进行压力测试时也广泛地利用了宏观经济模型。例如，Espen Froyland and Kai Larsen（2002）在对挪威银行风险状况进行压力测试时就利用了RIMINI宏观经济模型。Glenn Hoggarth、John Whitley（2003）在对英国银行风险状况进行压力测试时采用了中等期限宏观经济模型（Medium - Term Macroeconometric Model，即MTMM）。RIMINI与MTMM模型都是针对自己国家经济情况而建立的宏观经济模型，然而不同的测试主体关心的压力测试目标不同，也会导致压力因素、压力指标和模型形式的不同。在确定压力因子时，还要根据不同的承压对象来分析。因为压力测试的核心是测试和分析极端不利情景出现时对承压对象的影响，如果承压对象是利润，则压力指标可以是利润之前的指标，如不良贷款率，也可以是更加基础的变量，如宏观经济。

我国银监会在《商业银行压力测试指引》中提出的信用风险的情景分类为：“针对信用风险可以采取的压力情景包括但不局限于以下内容：国内及国

际主要经济体宏观经济出现衰退；房地产价格出现较大幅度向下波动；贷款质量恶化；授信较为集中的企业和同业交易对手出现支付困难；其他对银行信用风险带来重大影响的情况。”

压力测试过程中选取的风险/压力因子需要与日常风险管理相结合，压力测试中所用的压力指标，往往是日常风险管理中也采用的风险管理指标。但同样的风险因子在正常经济条件下和诸如金融危机等压力条件下的表现通常会有显著不同。在经济正常时期，因子的预测相对容易，因为中短期内它们的表现不会有非常剧烈的变化。因此，在某种程度上可以通过过去的历史数据来预测未来的走势。然而，在压力条件下风险因子的不可预测性增加，历史表现对预测的帮助微乎其微。这正是需要使用双管齐下的方法来进行风险管理的原因，一方面利用各种各样的定性和定量方法度量在正常经营状态下的风险，另一方面利用压力测试方法对压力情景下的可能损失进行量化研究。

### （三）确定冲击类型

无论哪种风险，都需要考虑压力因子的变化模式。压力因子的变化模式指的是冲击将改变压力因子的哪个或哪些参数。常用的参数有因子本身的水平（例如股票价格、利率、汇率或宏观 GDP 及 CPI 等）、潜在波动率（例如股票指数波动率、利率、汇率或宏观 GDP 及 CPI 等的波动率变化），或者多个变量的潜在相关关系（例如市场上多个股票的协方差矩阵或各个宏观变量计量模型的协方差等）。在设计冲击类型时，可借鉴历史波动率水平上升的幅度。如果情景本身已是明确的冲击，如汇率在基准情景下上升 10%，或是房价在基准情景下下降 30%。这时可以直接使用；如果情景较为模糊，如情景为汇率将会出现大幅波动时，就需要转化成具体的水平，例如认定汇率分别下降 10%、20% 和 30% 或分别上升 10%、20% 和 30% 等；也有时情景并不容易转化为具体的冲击，如情景为欧洲出现金融危机、某地区爆发大规模战争等，这时冲击往往很难被有效地构建出来。

### （四）确定压力情景类型

压力情景的生成方法可以有以下几种：

1. 历史情景法

历史情景法从已有的历史数据中选取最为极端不利的情景，这些情景可以是历史上最不利的情景，也可以按照分位点选择接近最差的情景。历史极端事件包括极端金融市场事件及引发了金融市场大幅震荡的政治、经济事件和自然灾害等。这些情景的选择依赖于测试主体的测试目的。

历史情景法可能是最直接也最直观的方法。相对其他方法来说，不需要太多的建模工作，即从历史数据中寻找风险变量的变化程度。例如给定一段区间，观察相应变量的最大变化幅度或者与趋势相背离的程度，或者观察风险变量的波动程度。得到的不同区间的风险可以作为压力测试中风险变量变化的输入，来检测如果同样的“灾难”重演，会给金融系统带来的损失。设计合理的压力情景，应该借鉴历史上经济动荡时期的实例。典型的极端金融事件有1987 年 10 月的美国股市崩溃、1992 年的欧洲货币危机、1994 年债券价格的下跌、1995 年墨西哥比索危机、1997 年及 1998 年亚洲金融危机、2000 年高科技泡沫破裂，以及 2008 年美国次贷危机引发的金融海啸；典型的引发金融市场动荡的政治事件有中东战争，它导致世界石油价格上升 50%，美元贬值20%，美元利率上升 1%。这些历史事件常用作构建金融市场未来极端情景的基础。

该法的优点是比较客观，利用历史事件及其实际风险因子波动情形，且风险因子之间的相关变化情形也可以依历史数据作为依据，使模型假设性的情形降低许多。当然历史情景在使用上有些先天的缺陷，一是需要进行压力测试的极端事件很有可能是历史上尚未出现过的；二是因为社会经济变迁，这种回溯（backward looking）的方法可能无法反映目前特有的市场结构和当今的经济环境。

2. 假设情景法

假设情景法是基于专家经验和判断，对驱动因子的压力情景进行设定。该法是结合了当今的社会和经济环境，压力情景具有前瞻性。在金融危机背景下，假设情景法具有特别重要的现实意义。该方法相对容易构造，但缺点也比较明显：一是在结构化的多因子情景设计方面缺乏说服力；二是主观性较强，缺乏一个可以比较的基准，造成在各机构间的压力测试结果难以进行统一比较。

3. 蒙特卡罗模拟法

主要用于信用风险、市场风险等领域。随着统计理论和计算机技术的发展和经济环境的快速变化，用统计建模方法设计情景，具有更加灵活、适应性强的优点，该方法可以任意假设风险因子的类型和变化模式，假设可能发生的事件以及影响程度，因此能够更加灵活地考察测试对象在各种风险来临时的损失表现，从而评定系统的风险暴露程度。蒙特卡罗模型法也可以鼓励风险管理者们向前看（Forward Looking）。其缺点是，无法给出这些情景发生可能性的任何信息，可能会导致压力情景设计脱离实际的批评。而且，如果关心多个变量同时变化的影响，还需要根据经济或者金融的理论模型来建立变量之间的相关关系。

这些方法有时也可以结合起来。在目前国内缺乏历史数据的情况下，历史情景法和假设情景法结合起来不失为一种选择，即利用历史数据结合专家判断直接构造假设历史情景。

（五）在压力情景下重新进行资产组合评估

依照新压力情景重新进行资产组合评估。有了影响资产组合的风险因子及其变动大小后，便可依此数据重新对资产组合进行估价和汇总，计算出各种不同情景下核心资产、次要资产的价值，以及冲击的大小和时间跨度；再与资产组合现期价值比较，便可得出当目前资产组合面临此类压力的情景下，无法立刻调整资产组合所会发生的最大损失。最后得出对现期资产组合的调整建议和风险管理工具的选择。

各步骤间的逻辑关系可以用图 4－3 示意。

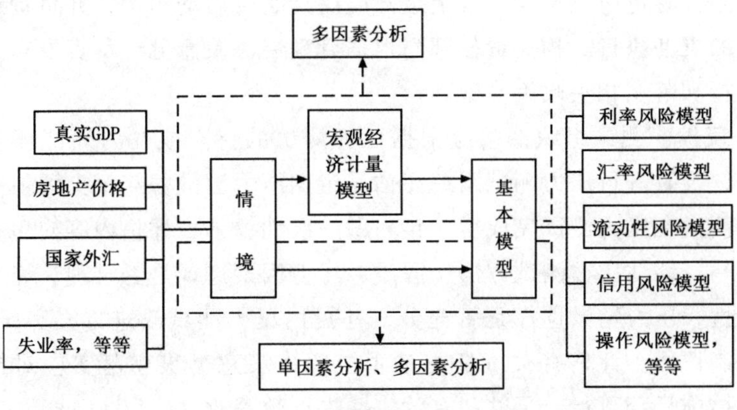


图 4－3　压力测试技术路线图

## 四、压力测试的组织与实施

压力测试的组织与实施包括压力测试的发起、团队组建、流程展开、测试报告（包括压力测试决策、执行与反馈）等各个环节。

（1）压力测试的发起。根据管理层的要求、内部风险管理的需要或外部监管机构的要求，发起压力测试。

（2）团队组建。团队需要业务部门和信息技术管理部门的配合。团队成员应包括风险计量人员、信贷业务人员或交易员、信息技术管理人员，分别负责计量模型的建设、业务分析和数据采集与程序编写等工作。

（3）流程展开。

（4）测试报告。压力测试报告是体现压力测试结果的重要方式。通过测试报告，可以与管理层沟通压力测试所表达的潜在重大风险。压力测试报告的内容应包括但不限于：压力测试目的、测试过程（包括承压对象与承压指标、压力因素与压力指标、压力情景设计理由与设计结构、相关假设条件、数据来源、方法论与模型架构、压力传导机制）、测试结果、主要结论、对结论的分析以及相关政策建议。结论分析部分需重点关注压力情景下可能造成的损失或危害，或通过压力测试分析得出薄弱环节；政策建议部门需根据压力测试结论，提出具体可操作的政策建议。压力测试报告上报管理层以后，管理层会审议压力测试报告，并视压力测试结果的严重程度决定由风险管理部门或业务部门采取制订应急预案、发布有关政策措施，或出具风险提示书等多种措施。

（5）测试结果的执行。牵头部门根据管理层决策意见制订应急预案，在符合触发条件时将应急预案呈报上级部门决定是否启动预案，并负责组织协调应急预案的贯彻执行。相关责任部门根据管理层决策意见，负责发布风险提示书，或执行和落实相关政策措施。

（6）反馈。测试组织部门应根据压力测试的特点或在内外部环境发生重大转变时，及时进行压力测试跟踪评估。定期压力测试每年至少评估一次，不定期压力测试在压力测试完成后一年内做一次性评估，评估内容应包括：①压力测试评估。评估压力测试方法、假设、压力因素选择是否合理、充分，是否具有实用性，压力情景选择是否充分，并提出压力测试改进方案和研究方向。②应对机制评估。评估有关责任方是否按照决策意见贯彻落实应对措施和政策，政策措施是否可行、足够和有效，并提出政策改进建议。

### 五、压力测试的应用范畴

压力测试的结果与分析可侧重应用于以下几个方面：

（1）测量和评估异常但是可能发生的巨大损失事件对于投资组合的冲击。

（2）评估机构的风险承受特性，即风险容忍度。机构可以使用敏感性测试来计算其投资组合对于风险因素变化的敏感性水平。一些机构还使用压力测试来验证其 VaR 模型假设的概率分布是否适当。

(3) 优化并检验经济资本配置，检验公司各类别投资组合所分配的资本是否充足以及相应的资本配置的限制是否合理。压力测试是内部资本充足评估程序（ICAAP）的重要内容。当压力测试结果显示银行的资本不足以承担某种极端风险时，银行管理层应结合对市场发展的判断，适时募集更多的实际资本。同时，也可以通过经济资本分配的手段，对高风险业务加以控制。

(4) 评估业务风险。压力测试的创新用途之一是应用于长期经营计划。一些机构不仅考虑压力事件对其资产负债表内及表外各项目价值变化的影响，而且还考虑到压力事件发生的随后几年收益来源所受到的影响。据此管理层能够了解这种类型的压力事件对其长期经营是否是潜在的严重威胁，进而判断其支撑长期业务经营的资本配置是否合理。

## 第二节 流动性风险压力测试

### 一、流动性风险

流动性风险是指商业银行虽然有清偿能力，但无法及时获得充足资金或无法以合理成本及时获得充足资金以应对资产增长或支付到期债务的风险（《流动性风险管理的指引》，2009）。流动性风险发生的范围较广，危害性较大，如不能有效控制，将有可能损害商业银行的清偿能力。无论是市场风险、信用风险还是操作风险的发生都有可能引发金融机构或金融体系的流动性风险。美国次贷危机的发生就是流动性风险发生和产生危害性的典型案例。

流动性风险可以分为融资流动性风险和市场流动性风险。融资流动性风险是指商业银行在不影响日常经营或财务状况的情况下，无法及时有效满足资金需求的风险。市场流动性风险是指由于市场深度不足或市场动荡，商业银行无法以合理的市场价格出售资产以获得资金的风险。融资流动性风险与市场流动性风险是相互影响的，特别是对于规模较大、市场影响深远的国际银行，资金流动性风险会触发市场流动性风险，继而加剧资金流动性风险，形成恶性循环。对一般规模的银行而言，流动性风险更多地考虑资金流动性风险。

## 二、流动性风险压力测试

由于对流动性风险进行压力测试的目的是分析认可机构的短期流动资金是否足以应付危急状况（例如大量存款流出、收紧信贷额度等），因此，很多金融机构采用特殊事件下对机构的资金来源及现金流量进行预测，如可采用借款及储户的行为假设，也可采用系统故障等极端事件。实际中无论什么样的风险发生，在受压情况下都有可能引发银行现金流量和偿付性的风险。因此在对流动性风险进行压力测试时，需要关注的是各种危机触发状况，从而考察银行的风险承担能力。

流动性压力因素可能来源于外部事件，例如央行的紧缩货币政策、经济大幅下滑等，也可能由于自身经营出现问题。任何一种压力因素最终都会通过融资时间、成本和数量三个因素影响到具体的压力指标，反映出流动性风险的大小。针对不同的压力情景选取不同的压力指标，如法定存款准备金率、长期同业拆借资金量、存款增长率等。承压指标通常使用现金流缺口这一指标反映流动性风险的大小，同时也可以使用流动性比例、存贷比例等流动性指标作为辅助指标。

### （一）流动性风险压力情景设计

在设计流动性风险压力测试情景时，首先要分析造成流动性极端情景的事件。这些事件有可能是由于严重的信用风险或市场风险造成的，也有可能是由于纯粹的资产负债在数量、成本、时间结构上的不匹配造成的。根据银监会《流动性风险管理的指引》要求，商业银行应针对单个机构和整个市场设定不同的压力情景。商业银行可结合本身业务特点、复杂程度，针对流动性风险集中的产品、业务和机构设定压力情景。压力情景的假设条件包括但不限于：

（1）流动性资产价值的侵蚀；

（2）零售存款的大量流失；

（3）批发性融资来源的可获得性下降；

（4）融资期限缩短和融资成本提高；

（5）交易对手要求追加保证金或担保；

（6）交易对手的可交易额减少或总交易对手减少；

（7）主要交易对手违约或破产；

(8) 表外业务、复杂产品和交易、超出合约义务的隐性支持对流动性的损耗；

(9) 信用评级下调或声誉风险上升；

(10) 母行或子行、分行出现流动性危机的影响；

(11) 多个市场突然出现流动性枯竭；

(12) 外汇可兑换性以及进入外汇市场融资的限制；

(13) 中央银行融资渠道的变化；

(14) 银行支付结算系统突然崩溃。

### (二) 流动性风险压力测试方法

现行流动性风险压力测试方法主要有三种：资产负债表法、现金流量法和财务指标法。资产负债表法是根据资产负债表项目的账面金额测算到期缺口情况，其使用较为简单且数据来源可靠，平衡关系清晰。但资产负债表法是一种静态方法，没有考虑到客户行为和利息影响，对于债券等投资类资产也未按到期实际可获得金额来测算，因此根据剩余期限缺口法测得的流动性期限缺口与实际情况存在较大偏差，由于银行期限错配问题，短期期限经常出现负缺口。现金流量法则能较好地解决资产负债表法的不足，真实反映银行流动性状况，是目前较为流行的一种方法，但计算较为复杂。财务指标法侧重于银行资产负债表内的项目以及各项目之间联系所产生的财务比率，反映的是某个时点银行流动性的状态，因而具有静态特征，在运用中具有一定的局限性，但可以作为检测流动性状况的一个辅助方法。

#### 1. 剩余期限缺口方法

剩余期限缺口方法又称资产负债表法，是通过测算压力情景下银行资产与负债之间的缺口来分析银行流动性风险的方法。从理论上讲，商业银行应该使其资产与负债的到期时间大体保持一致，当负债到期时，资产也正好到期，收回的资金就可以满足偿付要求。然而在实践中，银行资产和负债的期限是不匹配的，这是由银行这个特殊金融企业的性质决定的。商业银行的资金来源主要是各种存款和其他借入资金，其中大部分存款和借入资金都是短期的，而资金运用却以中长期贷款为主，因此资产和负债的到期时间存在显著的不匹配。通常情况下，各银行都有一定的历史数据来反映银行在正常情况下各期限缺口数值的波动区间，当发生极端压力情况时，各期限缺口数值超过区间范围，此时说明银行面临流动性风险。

2. 现金流量方法

现金流量方法是目前流动性压力测试的主要方法。现金流量法，不仅阐述了现金流量的概念，更重要的是强调了“实际和潜在现金流量”概念。这种方式要求银行衡量及检测在不同的经营条件下，所有表内外项目的潜在现金流，以及所导致每个时间栏的净现金流量状况。由于预计现金流涉及许多客观的判断和假设，银行应采取保守的方式来评估未来潜在的现金流。在建立现金流模型时，以银行内部经营和数据来拟定行为假设很重要，但银行在此过程中也必须结合监管机构发布的任何有关预测未来现金流的指引。

原则上，在预测银行未来现金流时，所有的表内外项目都应该考虑在内。但是，那些现金流不显著且对日常流动性管理没有重大影响的项目可以暂且搁置。用来显示银行现金情况的时间栏应包含足够的时间段，以便于银行有效地检测近期、中期和长期的流动性需求。在现金流的预测中，近期被定义为未来的5个工作日；中期被定义为未来5个工作日之后，但不超过未来的一年；而长期被定义为未来一年之后。依据各项目应有到期日，预测的现金流将被分配到适当的时间段。在每个时间段中，将流入扣除流出以得到不匹配净额，而该累计不匹配净额是由每个时间段的不匹配净额相加得出。

该方法的难点在于银行的资产和负债种类繁多，预测模型不尽相同，必须按不同的资产和负债类别分别逐项计算。

3. 财务指标法

这种方法常用的财务指标包括流动性比例和存贷比等。商业银行可以通过测算压力情景下的相应指标值，来判断所面临的流动性风险的大小。

(1) 流动性比率。商业银行的流动性比率定义为商业银行的账面流动性资产和该银行账面流动性负债的比值，计算数据来自于银行的资产负债表。

流动性比率 = 账面流动性资产/账面流动性负债 × 100%

上述定义中的流动性资产包括：现金、黄金、超额准备金存款、一个月内到期的合格贷款、一个月内到期的应收利息及其他应收款、一个月内到期的同业往来款项轧差后资产方净额、一个月内到期的债券投资、在国内外二级市场上可随时变现的债券投资以及其他一个月内到期的可变现资产（剔除其中的不良资产）。上述定义中的流动性负债主要包括：活期存款（不含政策性存款）、一个月内到期的定期存款（不含财政性存款）、一个月内到期的中央银行借款、一个月内到期的应付利息及各项应付款、一个月内到期的中央银行借款、一个月内到期的应付利息及各项应付款、一个月内到期的同业往来款项轧差后负债方净额、一个月内到期的已发行债券、其他一个月内到期的负债。

一般来说，流动性比率越高，商业银行偿还短期债务的能力越强。但是从管理角度，运用流动性比率指标评价一家银行的风险状况时，也应为该指标设定一个上限。因为流动性比率过高很可能表明该银行的资金运用效率较低。

商业银行可以将计算得到的流动性比率与同行业平均流动性比率以及本行历史平均流动性比率进行比较，以判断该比率是否偏高或偏低，从而评估该商业银行所面临的流动性风险大小。

（2）存贷比率。存贷比率定义为商业银行贷款余额和该行存款余额的比值，即：

存贷比率 = 贷款余额/存款余额 ×100%

在上述定义中，贷款余额包括短期贷款、中长期贷款、逾期贷款、应收押汇和贴现；存款余额包括保证金、活期存款、长期存款、应解汇款和长期储蓄存款。存贷比率越高，表明相对于比较稳定的资金来源而言，银行用于贷款的资金越多，商业银行的流动性就越低，发生流动性风险的可能性就越大。相反，存贷比率越低，表明银行仍具有的剩余流动性越多，即银行还可以利用相对稳定的存款来源发放新贷款。为保持银行的流动性，中国人民银行规定商业银行的存贷比率不得超过75%。但是，这并不意味着商业银行的存贷比率越高越好。因为，过高的存贷比率说明商业银行没有充分利用资金，限制了自身的盈利能力。总之，过高或过低的存贷比率对商业银行而言都是不可取的，只有适中的存贷比率才表明银行对资金来源与供给进行了合理的分配，在流动性与盈利性之间达到了较优平衡。

存贷比率作为衡量商业银行流动性风险的传统指标，具有容易理解和计算的优点，但在实际风险管理应用中，该指标也存在一定的缺陷。首先，这一比率只考虑了存款和贷款的绝对量而忽略了存款和贷款各自的内部结构（如存款和贷款的质量以及期限）的差异。显然，数额相等的短期贷款和长期贷款对银行流动性产生的影响是不同的。其次，贷款以外的其他业务也会影响银行的流动性，而存贷比率这一指标并没有对这一点进行考虑。

### （三）流动性风险压力测试结果应用与应对措施

根据压力情景的不同设置，可将其结果分为轻度、中度和高度三种。针对这三种程度的流动性风险，可采取不同的应对措施，包括：

（1）对于轻度的流动性风险，银行应尽可能采取既能引起市场关注但也不至于引发客户转移存款的措施。例如，从银行间市场大规模融资；减少或停止对同业拆出；寻求多种融资途径，如转贴现、再贴现、信贷资产回购等；将流动性差、市场交易不活跃的有价证券出售；寻求中长期资金来源；提高短期资金运作比例，减少长期债券投资等。

（2）对于中度流动性风险，银行应尽可能采取压缩部分业务但不至于损坏核心业务经营的措施。例如，使用同业承诺性授信额度；将流动性较好的优质债券出售；可与客户就未到期贷款提前偿还进行协商；在保证合法的前提下暂停定期存款提前支取；增加对公司、机构客户临时性存款的吸收；向人民银行报告，申请再贷款或动用法定存款准备金；提前终止拆出资金、逆回购交易。

（3）对于高度流动性风险，银行可以采取尽量延续经营的任何措施。例如，贷款业务全部停止；将信贷资产出售；将股权出售；寻求中国人民银行支持。

## 三、流动性风险压力测试案例①

2007 年至 2008 年上半年，中国人民银行长期持续实行“从紧”货币政策，为回收流动性，提高人民币法定存款准备金率和发行定向央行票据成为常用的政策手段，经过一段时间积累，紧缩政策效果显现，市场资金逐渐紧张，同业拆借资金困难，各行存款营销力度加大，资本市场持续低迷导致同业存款逐渐下降，整个银行体系面临流动性风险。

### （一）确定风险类型

根据实际情况，确定流动性风险压力测试，测试目的为如果中国人民银行继续实行紧缩货币政策，商业银行未来面临流动性风险时的表现。承压对象为商业银行境内整体人民币流动性风险。承压指标为现金流缺口、存款增长率。

① 本案例选自黄志凌：《商业银行压力测试》，中国金融出版社 2010 年版。

（二）确定压力测试类型

进行单因素敏感性分析，压力因素为中国人民银行持续实行“从紧”货币政策。

（三）确定冲击类型

选择单一市场变量。压力指标为法定存款准备金率。

（四）确定情景类型

由于我国历史上从未发生过中国人民银行持续大幅上调准备金率事件，没有类似的历史情景可供参考，而国内外市场情况差异较大，没有借鉴意义，所以采用假设情景法设计压力测试情景。当前存款准备金率为16%，专家预测未来会上调1%～2%。根据压力程度不同采用轻度压力、中度压力和重度压力三种情景。

轻度压力情景假设条件：未来2个月中国人民银行连续每月上调人民币存款准备金率0.5%，最终法定存款准备金率达到17%。

中度压力情景假设条件：未来4个月中国人民银行连续每月上调人民币存款准备金率0.5%，最终法定存款准备金率达到18%。

重度压力情景假设条件：未来4个月中国人民银行连续每月上调人民币存款准备金率0.5%，最终法定存款准备金率达到18%；并且由于市场资金面过于紧张，各家银行吸收存款力度加大，导致银行同业存款以每天5%的速度流失；为补充流动资金需要在市场上大量出售债券，由于资金偏紧要9折出售。

（五）分析测试结果，设计应对措施和政策建议

测试方法采用现金流方法。测试结果如表4-1至表4-4所示。可以看出，正常情况下银行现金流比较充裕，短期和长期都没有资金缺口。轻度情景测试结果表明，以银行存款准备金缴存基数5 183亿元计算，提高准备金率0.5%，每次银行需多缴准备金26亿元，两次共多缴存52亿元。调整后现金流缺口如表4-2所示，法定存款准备金率调整到17%后，银行流动性依然比较充裕，不存在现金流缺口。中度情景测试结果表明，以银行存款准备金缴存基数5 183亿元计算，提高准备金率0.5%，每次银行需多缴准备金26亿元，

4 次共多缴存 104 亿元。调整后现金流缺口如表 4－3 所示，在 3～6 个月期间会出现 17.3 亿元资金缺口，该额度在银行的拆借融资能力范围内，可以通过拆借弥补该资金缺口，假设资金拆借期限为 3 个月，以 3 个月拆借利率 3.4% 计算，大约需要支付 0.15 亿元利息支出。重度情景测试结果表明，以银行存款准备金缴存基数 5 183 亿元计算，提高准备金率 0.5%，每次银行需多缴准备金 26 亿元，4 次共多缴存 104 亿元。目前同业存款余额 600 亿元，按照假设未来 20 天每天流失 30 亿元，调整后现金流缺口如表 4－4 所示，银行流动性未来 6 个月内面临较大压力，资金最大缺口达到 516.8 亿元。银行拥有流动性资产储备 600 亿元，如果要在 1 个月内全部变现非常困难，若以 9 折计算出售，可以增加 540 亿元，刚能满足资金需求。

**表 4－1　　正常情景下现金流量表**　　单位：亿元

| | 1 天 | 7 天 | 1 个月 | 3 个月 | 6 个月 | 1 年 | 1 年以上 |
|---|---|---|---|---|---|---|---|
| 资产 | | | | | | | |
| 现金、中国人民银行存款 | 72.90 | | | 3.00 | 3.00 | 5.90 | 625.20 |
| 存放同业款项 | 12.10 | | 0.30 | 0.50 | | 0.60 | |
| 投资 | 3.70 | 54.60 | 78.30 | 168.60 | 206.90 | 663.60 | 1 204.50 |
| 贷款 | 16.70 | 6.50 | 107.50 | 299.10 | 374.40 | 681.30 | 2 771.50 |
| 其他资产 | 22.30 | 9.10 | 34.50 | 92.10 | 138.20 | 276.30 | 91.40 |
| 资产合计 | 127.70 | 70.20 | 220.60 | 563.30 | 722.50 | 1 627.70 | 4 692.60 |
| 负债 | | | | | | | |
| 同业存款 | 0.80 | 5.80 | 20.30 | 49.00 | 77.00 | 143.00 | 321.30 |
| 一般性存款 | 1.90 | 32.70 | 175.80 | 485.50 | 658.00 | 1 243.70 | 2 918.20 |
| 融入资金 | 10.40 | 27.50 | 41.10 | | | 0.20 | 0.00 |
| 其他负债 | 0.90 | 8.00 | 11.00 | 5.00 | 6.00 | 9.00 | 0.00 |
| 负债合计 | 14.00 | 74.00 | 248.00 | 539.50 | 741.90 | 1 395.90 | 3 239.50 |
| 净缺口 | 113.70 | －3.80 | －27.60 | 23.80 | －19.40 | 231.80 | 1 453.10 |
| 累计缺口 | 113.70 | 109.90 | 82.30 | 106.10 | 86.70 | 318.50 | 1 771.60 |

表 4－2　　轻度压力情景下现金流量表　　单位：亿元

| | 1天 | 7天 | 1个月 | 3个月 | 6个月 | 1年 | 1年以上 |
|---|---|---|---|---|---|---|---|
| 资产 | | | | | | | |
| 现金、中国人民银行存款 | 72.90 | | －26.00 | －23.00 | 3.00 | 5.90 | 625.20 |
| 存放同业款项 | 12.10 | | 0.30 | 0.50 | | 0.60 | |
| 投资 | 3.70 | 54.60 | 78.30 | 168.60 | 206.90 | 663.60 | 1 204.50 |
| 贷款 | 16.70 | 6.50 | 107.50 | 299.10 | 374.40 | 681.30 | 2 771.50 |
| 其他资产 | 22.30 | 9.10 | 34.50 | 92.10 | 138.20 | 276.30 | 91.40 |
| 资产合计 | 127.70 | 70.20 | 194.60 | 537.30 | 722.50 | 1 627.70 | 4 692.60 |
| 负债 | | | | | | | |
| 同业存款 | 0.80 | 5.80 | 20.30 | 49.00 | 77.00 | 143.00 | 321.30 |
| 一般性存款 | 1.90 | 32.70 | 175.80 | 485.50 | 658.00 | 1 243.70 | 2 918.20 |
| 融入资金 | 10.40 | 27.50 | 41.10 | | | 0.20 | 0.00 |
| 其他负债 | 0.90 | 8.00 | 11.00 | 5.00 | 6.00 | 9.00 | 0.00 |
| 负债合计 | 14.00 | 74.00 | 248.00 | 539.50 | 741.90 | 1 395.90 | 3 239.50 |
| 净缺口 | 113.70 | －3.80 | －53.60 | －2.20 | －19.40 | 231.80 | 1 453.10 |
| 累计缺口 | 113.70 | 109.90 | 56.30 | 54.10 | 34.70 | 266.50 | 1 719.60 |

表 4－3　　中度压力情景下现金流量表　　单位：亿元

| | 1天 | 7天 | 1个月 | 3个月 | 6个月 | 1年 | 1年以上 |
|---|---|---|---|---|---|---|---|
| 资产 | | | | | | | |
| 现金、中国人民银行存款 | 72.90 | | －26.00 | －49.00 | －23.00 | 5.90 | 625.20 |
| 存放同业款项 | 12.10 | | 0.30 | 0.50 | | 0.60 | |
| 投资 | 3.70 | 54.60 | 78.30 | 168.60 | 206.90 | 663.60 | 1 204.50 |
| 贷款 | 16.70 | 6.50 | 107.50 | 299.10 | 374.40 | 681.30 | 2 771.50 |
| 其他资产 | 22.30 | 9.10 | 34.50 | 92.10 | 138.20 | 276.30 | 91.40 |
| 资产合计 | 127.70 | 70.20 | 194.60 | 511.30 | 696.50 | 1 627.70 | 4 692.60 |

续表

| | 1天 | 7天 | 1个月 | 3个月 | 6个月 | 1年 | 1年以上 |
|---|---|---|---|---|---|---|---|
| 负债 | | | | | | | |
| 同业存款 | 0.80 | 5.80 | 20.30 | 49.00 | 77.00 | 143.00 | 321.30 |
| 一般性存款 | 1.90 | 32.70 | 175.80 | 485.50 | 658.00 | 1 243.70 | 2 918.20 |
| 融入资金 | 10.40 | 27.50 | 41.10 | | | 0.20 | 0.00 |
| 其他负债 | 0.90 | 8.00 | 11.00 | 5.00 | 6.00 | 9.00 | 0.00 |
| 负债合计 | 14.00 | 74.00 | 248.00 | 539.50 | 741.90 | 1 395.90 | 3 239.50 |
| 净缺口 | 113.70 | -3.80 | -53.60 | -28.20 | -45.40 | 231.80 | 1 453.10 |
| 累计缺口 | 113.70 | 109.90 | 56.30 | 28.10 | -17.30 | 214.50 | 1 667.60 |

**表4-4　重度压力情景下现金流量表**　单位：亿元

| | 1天 | 7天 | 1个月 | 3个月 | 6个月 | 1年 | 1年以上 |
|---|---|---|---|---|---|---|---|
| 资产 | | | | | | | |
| 存放同业款项 | 12.10 | | 0.30 | 0.50 | | 0.60 | |
| 投资 | 3.70 | 54.60 | 78.30 | 168.60 | 206.90 | 663.60 | 1 204.50 |
| 贷款 | 16.70 | 6.50 | 107.50 | 299.10 | 374.40 | 681.30 | 2 771.50 |
| 其他资产 | 22.30 | 9.10 | 34.50 | 92.10 | 138.20 | 276.30 | 91.40 |
| 资产合计 | 127.70 | 70.20 | 194.60 | 511.30 | 696.50 | 1 627.70 | 4 692.60 |
| 负债 | | | | | | | |
| 同业存款 | 30.00 | 180.00 | 390.00 | | | | |
| 一般性存款 | 1.90 | 32.70 | 175.80 | 485.50 | 658.00 | 1 243.70 | 2 918.20 |
| 融入资金 | 10.40 | 27.50 | 41.10 | | | 0.20 | 0.00 |
| 其他负债 | 0.90 | 8.00 | 11.00 | 5.00 | 6.00 | 9.00 | 0.00 |
| 负债合计 | 43.20 | 248.20 | 617.90 | 490.50 | 664.90 | 1 252.90 | 2 918.20 |
| 净缺口 | 84.50 | -178.00 | -423.30 | 20.80 | 31.60 | 374.80 | 1 774.40 |
| 累计缺口 | 84.50 | -93.50 | -516.80 | -496.00 | -464.40 | -89.60 | 1 684.80 |

通过压力测试，说明该银行整体流动性比较充裕，抵御风险能力较强，发生整体流动性风险可能性不大，但如果外部环境出现较大变化，在未来1个月到6个月之间会出现资金紧张状况。在中国人民银行准备金率不断提高的情况下，应该更加注意保持存款的稳定。银行同业余额较大并且波动性大，要密切关注同业存款变化。为保持充足流动性，应适当缩短投资期限，防范流动性风险的发生。

## 第三节 信用风险压力测试

### 一、信用风险

信用风险是指债务人或交易对手违约的风险，即银行或金融机构拥有未来的预期为正的现金流，但对方可能由于自身经营不善或其他原因无法正常支付而导致违约，由此造成的预期现金流不能全部偿付的风险。商业银行的信用风险主要来源于贷款信用风险、交易对手信用风险和发行方信用风险，其信用风险主要为债务人违约风险，当银行持有的衍生工具的价值出现对交易对方不利的情况时可能会发生交易对手违约的损失。

### 二、信用风险压力测试

由于信用风险是银行在经营管理过程中所要面对的首要风险，因此信用风险压力测试也是银行压力测试的主要内容。在具体的压力测试工作中，作为测试主体的银行，应根据监管机构要求或自身主动风险管理的需要明确测试目的和测试内容，进而使用合适的测试方法对确定的承压对象实施压力测试。一般来说，完整的信用风险压力测试包括以下环节：

#### （一）确定风险类型，及相应的承压对象和承压指标

对信用风险进行压力测试，在没有特定测试任务（如银行监管部门明确的测试要求及经常性的整体压力测试）的情形下，首要解决的就是从这些复杂多样的风险集合中选取合适的目标资产组合作为承压对象。一般来说，信用

风险的承压对象可以划分为"宏观类"、"组合类"和"债务人或交易对手类"三个层次。"宏观类"指对银行全部资产，测试主体一般是总行层面，主要风险驱动因素为宏观经济波动；"组合类"指银行各个维度（行业、区域、产品及客户等）的信贷、非信贷资产组合，测试主体和风险驱动因素都有较大的灵活性；"债务人或交易对手类"主要指测试主体根据自身实际需要，将测试目的定位为债务人或交易对手的生产经营状况变化，而不一定要将承压对象确定为自身的资产组合。

信用风险承压指标的确定主要应考虑承压对象的特点，一般对应关系如表4－5所示。

表4－5 信用风险压力测试承压指标分类表

| 承压对象分类 | 技术型承压指标 | 管理类承压指标 |
|---|---|---|
| "宏观类"（整体信用风险组合） | 宏观违约率（MPD）、贷款损失、风险暴露（EDA）、预期损失（EL）等 | 不良贷款、监管指标、经济资本、利润、利润率、资本充足率等 |
| "信贷组合类"（包括各类贷款及表外业务的组合） | 违约率（PD）、相关性、违约损失率（LGD）、非预期损失（UL）、预期损失（EL）等 | 资产减值准备、评级、经济资本、不良贷款率、风险调整后收益率、表外业务垫款率等 |
| "债券类"资产组合（包括持有的各类债券） | 违约概率（PD）、违约损失率（LGD）、非预期损失（UL）、预期损失（EL）、相关性、风险暴露（EAD）等 | 资产减值准备、评级、经济资本、不良贷款率、风险调整后收益率等 |
| "债务人或交易对手类"的生产经营状况变化 | | 债务人或交易对手的销售利润率、资产负债率、流动比率、利息支付倍数等财务指标 |

（二）确定冲击类型，及相应的压力指标

冲击类型按驱动来源可以大致分为宏观周期性风险、重大事件风险和集中度风险等。宏观周期性风险一般会对银行整体资产组合的信用风险产生较大的影响，如宏观经济衰退、住房价格周期性下跌、原油价格波动、利率及汇率变动等；重大事件风险一般具有突发性和剧烈性，通常会对银行部分资产组合的信用风险产生很大的影响，如由于雪灾引发的电煤价格暴涨、"三鹿奶粉事件”等对相关行业利润状况的影响，如果该重大事件的影响足够大，影响面和持续时间大幅增加，针对这类风险往往需要银行根据实际情况开展临时性的压力测试；集中度风险作为银行资产组合的一种内在的结构性风险，可表现为行业、区域、客户、期限及风险缓释手段等方式的高度集中，它主要作用于压力的传导过程，可能会加剧压力冲击对承压对象的影响，比如在相同的煤价大幅上涨的情景下，火电行业信贷占比较高的银行所受的影响就可能大于集中度较低的银行。在实际测试工作中，这些压力因素往往是可以组合存在的。

不同的冲击类型对应不同的压力指标体系，常用的压力指标如表 4－6 所示。

表 4－6 信用风险压力指标举例

| 冲击类型 | 主要压力指标 | 注 释 |
|---|---|---|
| 宏观周期性风险 | 国内生产总值（GDP）、居民消费价格指数（CPI）、货币发行量（M2）、石油价格或原材料价格指数、上证综合指数、基准利率、房价指数、行业综合指数、物价指数、财政收支指数、固定资本形成总额、房地产开发投资、进出口、居民可支配收入 | 数据来源于政府统计，标准化程度相对较高，获取相对容易 |
| 重大事件风险 | 国内生产总值（GDP）、居民消费价格指数（CPI）、原材料价格指数、物价指数、财政收支指数、固定资产形成、房地产开发投资、进出口、居民可支配收入、反映客户生产经营的财务指标和技术指标等 | 此类指标往往具有很强的针对性，由于重大事件的不同，指标更为具体，常表现为某区域的 GDP、行业进出口数据或某客户的财务指标等 |
| 集中度风险 | 信贷占比、相关性、负债项到期集中程度、某类抵质押品的占比等 | 实际测试工作中，这类指标通常和以上两类指标配合使用 |

### （三）确定压力测试情景

信用风险压力测试常见的压力情景包括：宏观经济大幅下滑、金融市场波动、房地产市场下滑等。情景生成方法包括历史情境法、假设情景法、统计模拟法等。

1. 历史情景法

用历史事件及其相关数据设计压力情景。主要步骤包括：

（1）采集压力测试中需要考虑的风险指标的历史数据。例如我们研究经济危机对银行信用风险状况的影响，就可以借鉴历史上曾经发生的经济危机事件，研究危机发生时对银行的影响，将这些数据作为建立压力情景的基础。若国内缺乏可借鉴的历史情景，也可以借鉴国外的相关数据和研究。

（2）研究历史数据规律，建立压力情景下风险指标的分布或对风险指标的表现建立直观的认识。

（3）根据风险指标的历史分布设计压力情景，确定压力指标变动程度的主要方式可以有：①假设与历史压力时间相同的情景，各个风险指标的变动程度与历史压力事件发生时的各个风险指标的实际波动幅度完全一致。②根据对银行信用风险损失的影响程度进行分类，统计影响程度相似的历史压力事件发生的频率，以历史压力事件发生时各个风险指标的实际波动幅度的均值作为不同假设压力程度下各个风险指标变动程度设定的参考。③针对某一特定风险指标，按照波动程度大小，对一定历史期间内该风险指标的波动幅度排序，分别取 90%、95% 和 99% 分位数作为轻度压力、中度压力和重度压力情景下的风险指标变动程度。

2. 假设情景法

以一定的经济学理论为基础，结合专家经验进行综合判断。

3. 统计模拟法

运用统计计量方法，通过收集压力因子的历史观测数据，分析宏观经济变量建立情景模型，研究各宏观变量之间的动态演化关系，最后得到压力因子在极端情景下的预测模型。主要步骤包括：（1）选取风险指标，收集历史数据，进行相关的单变量统计分析以及数据预处理。（2）建立统计模型，估计模型参数。具体模型可以由测试者根据实际需要和数据特点选取。一般采用统计计量模型，如回归模型、向量自回归模型、联立方程模型等。这些模型或简单或复杂，反映各个不同宏观经济变量之间的相互动态关系。基于检验后的模型，利用模型预测功能设计合理的压力情景。估计模型参数可以使用统计软件如EVIEWS、SPSS、SAS等实现。(3) 进行初始冲击的设计。(4) 通过模型生成压力情景，关键是描述冲击在模型中的传导，描述各风险因子之间的关系。如宏观经济计量模型方法中，在得到模型的参数估计后，既可以用解析法推得各变量的条件分布，也可以用随机模拟得到给定初始冲击下的变量取值。常见的随机模拟方法有蒙特卡罗模拟。

### (四) 确定压力传导模型

1. 方法选择

信用风险压力测试模型的传导机制可以分为自上而下法、自下而上法以及两者相结合的方式。

(1) 自上而下法。自上而下方法大多用于宏观压力测试或测试对象的内部结构不是非常清晰的情况，如宏观经济压力测试。目前国际上最常用的信用风险压力测试模型框架源于1997年著名风险管理专家Wilson Thomas C. 关于PD的压力测试计量模型，该模型也是麦肯锡公司信用风险模型Credit Portfolio View的基础，该方法被香港金融管理局、芬兰银行、英格兰银行等各大国际金融组织广泛采用，成为宏观压力测试的通行做法。

(2) 自下而上法。在信用风险压力测试中，采用自下而上方法的风险传导模型包括结构化模型、财务模型等。通过在风险因素和单个测试对象的承压指标之间建立关系，并将单个测试结果通过一定的相关性处理汇总成最终的结果。

(3) 混合方式。通过专题讨论或调查问卷方式，由专家在仔细分析目标资产组合的构成特征基础上，根据历史经验和主观判断，在直接给出假设压力情景下，得到承压指标的最终取值。

2. 模型构建

常见的信用风险压力测试传导模型有统计计量模型、结构化模型和财务模型。统计计量模型直接关注影响公司违约的风险因子和违约之间的统计关系。在某些情况下，风险因子和违约之间的关系特别复杂，难以清晰地解读公司违约的内在机制，此时比较适合采用统计计量模型，如Wilson模型；结构化模型针对公司价值表现（以股票收益率反映）设置某个违约点作为边界，当公司价值抵御这个边界时认为公司违约，违约点通过公司的财务数据或资本结构的方程建立模型；财务模型则直接将银行或客户各财务指标的变化反映到承压对象上，其分析主要包括对客户财务报表的分析，以及对银行自身报表的分析。

本章重点介绍统计计量模型。目前国际上最常用的压力测试模型框架源于1997年著名风险管理专家 Wilson Thomas C.（1997）发表在 Risk 杂志上的论文。该模型包含复杂模型和简化模型。复杂模型属于集中测试，主要应用于宏观压力测试，研究分析宏观变量对银行债务人的信用评级的影响；简化模型属于分段测试，主要用于某些专项的压力测试，如个人住房贷款信用风险压力测试。

Wilson 模型框架下的复杂模型如下：

令部门 j 的违约概率具有 logit 函数形式：

$$PD_{j,t,s} = \frac{1}{1+\exp(y_{j,t,s})} \tag{4-1}$$

其中，$PD_{j,t,s}$ ——在外部环境为 s 状态下，部门 j 中的某个成员在时刻 t 违约的概率；

$y_{j,t,s}$ ——宏观经济变量为 X 时与部门有关的指数，它的参数估计如下：

$$y_{j,t,s} = \beta_{j,0} + \beta_{j,1}X_{1,t,s} + \beta_{j,2}X_{2,t,s} + \cdots + \beta_{j,n}X_{n,t,s} + v_{1,t,s} \tag{4-2}$$

$y_{j,t,s}$ 越大，表示违约概率越小，反之亦然。上述回归模型可以看做决定分行业部门相关违约概率的一个多因子模型。其中与宏观经济相关的系统风险由 $X_{1,t,s}$ 表示（例如 GDP 增长、利率水平等）。而各行业部门各自的特点由相关的误差项 v 表示。每个部门都可以估计一个单独的方程，需要注意的是，不同部门的解释变量可能不同。

建模估计各个宏观经济变量变化的时间序列，例如可以使用 AR(P) 模型：

$$X_{i,t} = k_{i,0} + k_{i,1}X_{1,t-1} + k_{i,2}X_{2,t-2} + \cdots + k_{i,p}X_{n,t-p} + \varepsilon_{i,t} \tag{4-3}$$

其中，$k_i$ ——与第 i 个宏观经济因素相关的一系列自回归系数；

$\varepsilon_{i,t}$ ——独立同分布的正态误差项。

联立公式（4-1）~（4-3），给出了从宏观经济因素到各个部门的特定违约概率的系统模型，其中有（j+i）×1 的一个误差向量，用 E 表示，定义一个（j+i）×（j+i）的协方差矩阵 $\sum$ 如下：

$$E = \begin{pmatrix} v \\ \varepsilon \end{pmatrix} : N(0,\sum), \sum = \begin{pmatrix} \sum_v & \sum_{v,\varepsilon} \\ \sum_{\varepsilon,v} & \sum_\varepsilon \end{pmatrix} \tag{4-4}$$

最后，利用所有参数估计和误差项以及整个方程系统来模拟生成未来一段时间内各部门的违约概率的变化。用 Monte Carlo 方法就能决定给定的压力测试情景下带来的损失分布。

在测试实践中，也可以采用 Wilson 模型框架的简化模型：

$$\ln\left(\frac{p}{1-p}\right) = \alpha + \beta_i x_i \tag{4-5}$$

其中，$\vec{x} = (x_1, \cdots, x_i, \cdots, x_n)$ 是自变量向量，代表多个风险因子；

p——模型的因变量，可以是违约率以及其他需要进行测试的承压变量。

（五）分析结果，设计应对措施和政策建议

信用风险压力测试结果报告应包含压力测试结果的展现分析，并设计应对措施。

## 三、信用风险压力测试案例[①]

2008 年，某商业银行针对宏观经济变化对该行信贷质量的影响进行了压力测试。该压力测试以银行对公信贷资产的信用风险水平作为测试目标，基于自上而下法，构建宏观经济指标与银行信贷风险之间的传导模型，通过模拟计算每个压力情景下承压对象的定量结果；结合实际经验，分析各风险指标对金融机构信贷质量或稳定性的可能影响，制定相应的政策响应和反馈。

（一）确定风险类型及相应的承压对象和承压指标

压力测试目的：分析宏观经济变化对银行对公信贷资产的影响。

承压对象：银行对公信贷资产的信用风险水平。

承压指标：以违约客户数计算的宏观违约率 MPD，计算公式为：

$$MPD = \frac{\text{当期内违约客户数}}{\text{期初正常客户数}} \tag{4-6}$$

其中，期初正常客户数为截至该期初信贷正常的客户数；当期内违约客户数为在期初正常的客户中，未来一期时间内发生违约的客户数。

（二）确定冲击类型及相应的压力指标

压力因素：宏观经济风险。

---

① 本案例选自黄志凌：《商业银行压力测试》，中国金融出版社 2010 年版。

压力指标：国民生产总值（GDP），消费者价格指数（CPI），工业品出厂价格指数（PPI），美元/人民币汇率，银行间同业拆解加权平均利率，固定资产投资完成额和社会消费品零售总额。

测试初步选定7个可能的信用风险指标，在进一步的数据分析和建模过程中，还将根据每一步的不同标准对风险指标进行层层筛选，最终确定对承压对象宏观信用风险状况具有显著影响的风险指标。

### （三）确定压力测试情景

#### 1. 建模思路

采用“自上而下法”，核心内容是信用风险传导模型的建立，基本过程是运用模型描述风险驱动因素与承压对象之间的风险传导和影响机制，具体包括样本数据处理和模型构造等步骤，最终确定对银行宏观信用风险有影响的风险指标。

测试中，信贷质量与风险指标之间的风险传导机制模型采用麦肯锡的Credit Portfolio View模型，测试将传导模型和压力情景模型构建成了一个模型系统，使用SUR进行估计，反映宏观违约率与各因子之间相互影响的动态关系。

#### 2. 数据来源

宏观违约率的计算使用银行内部系统2006.6～2008.6间的月度数据，宏观经济指标使用同期官方公布月度数据或相关统计数据。

### （四）确定压力传导模型

#### 1. 数据处理

确定压力传导模型的数据处理，如表4－7所示。

**表4－7　信用风险压力测试数据处理**

| 因子类别 | 风险因子初步选择 | 数据转化 | 平稳性处理 |
|---|---|---|---|
| 因变量 | MPD | Logit 变换 | 原序列 |
| 宏观经济 | GDP | 同比增长率 | 原序列 |
| | CPI | | 一阶差分（DCPI） |
| | PPI | | 不平稳，删除 |

续表

| 因子类别 | 风险因子初步选择 | 数据转化 | 平稳性处理 |
|---|---|---|---|
| 宏观经济 | 美元/人民币汇率（FE） | | 不平稳，删除 |
| | 银行间同业拆借加权平均利率（IR） | | 一阶差分（DIR） |
| | 固定资产投资完成额（INVEST） | 同比增长率 | 原序列 |
| | 社会消费品零售总额（CONSUME） | 同比增长率 | 一阶差分（DCONSUME） |

2. 模型构造

采用模型框架如下：

$$p_t = \frac{1}{1 + \exp(-y_t)} \tag{4-7}$$

$$y_t = f(x_1, x_2, \cdots, x_n, \beta, v_t) \tag{4-8}$$

$$x_{i,t} = k_{i,0} + k_{i,1}x_{1,t-1} + k_{i,2}x_{2,t-2} + \varepsilon_{i,t} \tag{4-9}$$

$$E = \begin{pmatrix} v \\ \varepsilon \end{pmatrix} : N(0, \sum), \sum = \begin{pmatrix} \sum_v & \sum_{v,\varepsilon} \\ \sum_{\varepsilon,v} & \sum_\varepsilon \end{pmatrix} \tag{4-10}$$

方程（4－8）的筛选过程和结果如表4－8所示。

**表4－8　信用风险压力测试风险因子筛选**

| 风险因子初步选择 | MPD 回归显著性检验 |
|---|---|
| GDP | √ |
| CPI | √ |
| PPI | |
| 美元/人民币汇率（FE） | |
| 银行间同业拆借加权平均利率（IR） | |
| 固定资产投资完成额（INVEST） | √（滞后一期） |
| 社会消费品零售总额（CONSUME） | |

选用各风险指标的二阶自回归模型来构造方程（4－9），与方程（4－8）共同反映y和各自变量指标之间的传导关系，并运用SUR估计方法同时估计整个方程系统的系数。估计过程中，采用逐步回归。SUR模型估计结果如

表4-9所示。

表4-9 SUR估计结果

| 因子 | Yt | GDP | DQGDP | DDQINVEST | FINDUS | LNFDIRATIO | LNFDIDEC |
|---|---|---|---|---|---|---|---|
| Intercept | -6 | 0.1*** | 0.1 | -0.01 | 0.2*** | 0.2 | 5*** |
| GDP | -37** | | | | | | |
| DQGDP（-1） | -37*** | | | | | | |
| DDQINVEST | -2*** | | | | | | |
| FDIINDU（-1） | -4*** | | | | | | |
| LNFDIRATIO（-1） | 5*** | | | | | | |
| LNFDIDEC | 0.5*** | | | | | | |
| AR（1） | | 0.2* | | -0.9*** | | 0.3** | |
| AR（2） | | | | -0.5*** | | 0.4*** | |
| $R^2$ | 0.7 | 0.1 | -0.00005 | 0.4 | -0.00004 | 0.9 | -0.000009 |

表中，第2列表示传导模型方程（4-9）的各个参数；第3~8列表示压力情景的自回归模型参数；AR（1），AR（2）分别表示一阶自回归和二阶自回归项。***、**和*分布表示在1%、5%和10%显著性水平下拒绝回归系数为零的原假设。从估计结果可以看出，以宏观违约率MPD构建模型相对合理，可以作为反映对公信贷资产宏观信用风险状况的指标进行压力测试。

3. 压力情景

构建专家情景（单因子）：

情景1：GDP增长率将至5%（极端情景）；

情景2：GDP增长率将至7.5%（稳中有降）；

情景3：GDP增长率将至6%（较大幅度不利变动）。

4. 模型运算与结果

以2008年第三季度的经济数据为基准情景，针对宏观经济压力对MPD的可能影响进行了压力测试和基准情景的蒙特卡罗模拟，生成压力测试结果，如表4-10所示。

表 4－10　　GDP 因子压力测试结果　　单位：%

| 宏观违约率 | | 随机模拟基准情形 | 压力情景 | | |
|---|---|---|---|---|---|
| | | | 情景 1 | 情景 2 | 情景 3 |
| 2009 年第一季度 | 均值 | 0.4 | 1.1 | 0.4 | 0.6 |
| | 95% | 1.5 | 4.8 | 1.8 | 2.5 |
| | 99% | 6.4 | 15 | 6.5 | 8.9 |
| 2009 年第三季度 | 均值 | 0.4 | 0.4 | 0.4 | 0.4 |
| | 95% | 1.8 | 1.6 | 1.8 | 1.7 |
| | 99% | 7.4 | 7.3 | 7.8 | 6.9 |

（五）分析结果，设计应对措施和政策建议

压力测试结果显示，宏观经济变动对宏观违约率影响的程度非常大，表明在宏观经济下滑的周期里，应重点关注宏观经济指标的变化，及时对宏观经济的较大变动作出反应，调整信贷政策，改善贷款结构。具体可以考虑以下措施：

（1）加强对宏观经济变化的前瞻性研究，以便准确预测宏观经济的可能走势，从而据此实施更进一步的措施。

（2）根据宏观经济的预测结果，调整总体信贷资产质量目标（如不良贷款率、减值准备金计提比率等），调整信贷投放的增长规划。

# 第五章

# 商业银行绩效评价

## 第一节 商业银行财务报表

商业银行绩效评价是在商业银行财务报表的基础上进行的。商业银行的财务报表是根据日常会计核算资料，按照一定的格式和科学的指标体系，定期编制的总括反映财务状况、经营成果和现金流量状况的文件，是商业银行对外传递信息的主要手段。

商业银行的财务报表主要包括资产负债表、利润表、现金流量表、所有者权益变动表和附注。

### 一、商业银行的资产负债表

资产负债表亦称财务状况表，是反映会计主体某一特定日期全部资产、负债和所有者权益情况的财务报表。商业银行资产负债表是银行经营活动的静态体现，它概括反映了银行拥有经济资源的总量及分布情况，说明了银行资金的来源渠道及具体构成。通过资产负债表，可以分析银行实力，包括支付能力和短期债务清偿能力等；同时了解银行的财务状况，判断银行财务状况的发展趋势，为财务分析、决策和计划提供有效依据。

银行资产负债表的编制原理与一般企业基本相同，根据“资产 = 负债 + 所有者权益”这一平衡公式，依照一定的分类标准和一定的次序，将商业银行某一特定日期的资产、负债及所有者权益各项目予以适当排列编制而成。资产按其流动性程度的高低顺序排列，负债按其偿还期的长短排列，所有者权益则按其永久性递减的顺序排列。商业银行资产负债表分为两种格式，一种是账户式，一种是报告式，我国采用账户式的资产负债表。

由于商业银行与一般企业经营活动存在显著差异，在资产负债表的具体内容上有其自身的特点。具体列示见表 5 - 1。

**表 5 - 1　　资 本 负 债 表**　　会商银 01 表

编制单位：　　____年__月__日　　单位：元

| 资　产 | 期末余额 | 年初余额 | 负债和所有者权益（或股东权益） | 期末余额 | 年初余额 |
|---|---|---|---|---|---|
| 资产： | | | 负债： | | |
| 现金及存放中央银行款项 | | | 向中央银行借款 | | |
| 存放同业款项 | | | 同业及其他金融机构存放款项 | | |
| 贵金属 | | | 拆入资金 | | |
| 拆出资金 | | | 交易性金融负债 | | |
| 交易性金融资产 | | | 衍生金融负债 | | |
| 衍生金融资产 | | | 卖出回购金融资产款 | | |
| 买入返售金融资产 | | | 吸收存款 | | |
| 应收利息 | | | 应付职工薪酬 | | |
| 发放贷款和垫款 | | | 应交税费 | | |
| 可供出售金融资产 | | | 应付利息 | | |
| 持有至到期投资 | | | 预计负债 | | |
| 长期股权投资 | | | 应付债券 | | |
| 投资性房地产 | | | 递延所得税负债 | | |
| 固定资产 | | | 其他负债 | | |

续表

| 资　　产 | 期末余额 | 年初余额 | 负债和所有者权益（或股东权益） | 期末余额 | 年初余额 |
|---|---|---|---|---|---|
| 无形资产 | | | 负债合计 | | |
| 递延所得税资产 | | | 所有者权益（或股东权益）： | | |
| 其他资产 | | | 实收资本（或股本） | | |
| | | | 资本公积 | | |
| | | | 减：库存股 | | |
| | | | 盈余公积 | | |
| | | | 一般风险准备 | | |
| | | | 未分配利润 | | |
| | | | 所有者权益（或股东权益）合计 | | |
| 资产总计 | | | 负债和所有者权益（或股东权益）总计 | | |

资料来源：《企业会计准则第 30 号——财务报表列报》应用指南（2006）。

（一）资产项目

（1）“现金及存放中央银行款项”项目，反映商业银行的库存现金和存入中央银行的各种存款，包括业务备付金、缴存的法定准备金和超额准备金存款、缴存中央银行财政性存款等。

（2）“存放同业款项”项目，反映商业银行与同业之间进行资金往来业务而存放于境内、境外银行和非银行金融机构的资金。

（3）“贵金属”项目，反映商业银行在国家允许的范围内买入的黄金、白银等贵重金属的期末价值。

（4）“拆出资金”项目，反映商业银行拆借给境内外其他金融机构的款项。

（5）“交易性金融资产”项目，反映商业银行为短期获利目的而持有的债券投资、股票投资、基金投资等交易性金融资产的公允价值。

（6）“衍生金融资产”项目，反映商业银行衍生工具、套期工具、被套期项目中属于衍生金融资产部分的公允价值。本项目应根据“衍生工具”、“套期工具”、“被套期项目”等科目的借方余额分析填列，如果相关科目的余额在贷方则填入“衍生金融负债”项目。

(7)“买入返售金融资产”项目，反映商业银行按照返售协议先买入再按照固定价格返售的票据、证券和贷款等金融资产所融出的资金。

(8)“应收利息”项目，反映商业银行所持有的交易性金融资产、持有至到期投资、可供出售金融资产、发放贷款、存放中央银行款项、拆出资金、买入返售金融资产应收取而尚未收到的利息。

(9)“发放贷款和垫款”项目，反映商业银行发放的各类贷款和办理信用证、银行承兑汇票等业务而垫付的款项减去“贷款损失准备”所属明细科目后的余额。

(10)“可供出售金融资产”项目，反映商业银行持有的可供出售金融资产的公允价值。本项目应根据“可供出售金融资产”科目的余额减去“可供出售金融资产减值准备”科目的余额后填列。

(11)“持有至到期投资”项目，反映商业银行准备并且有能力持有至到期的投资的摊余成本。

(12)“长期股权投资”项目，反映商业银行持有的按照成本法和权益法核算的长期股权投资。本项目应根据“长期股权投资”科目的余额减去“长期股权投资减值准备”科目的余额后填列。

(13)“投资性房地产”项目，反映商业银行为赚取租金或资本增值，或两者兼有而持有的房地产。

(14)“应收款项类投资”项目，反映商业银行持有的由于剥离不良资产给管理公司而持有对方的债券，应收的人民银行专项和定向票据、财务部特别国债以及金融机构债券等债权。

(15)“固定资产”项目，反映商业银行所持有的各种固定资产，包括房屋和建筑物及其设备、运输工具等固定资产的净值。本项目应根据“固定资产”科目的余额减去“累计折旧”、“固定资产减值准备”科目的余额后填列。

“在建工程”项目，反映商业银行固定资产的新建、改建、扩建，或技术改造、设备更新和大修理工程等尚未完工的工程支出。在建工程可以并入固定资产项目中反映，也可单独反映。

(16)“无形资产”项目，反映商业银行拥有或者控制的没有实物形态的可辨认非货币性资产。商业银行的无形资产主要包括土地使用权和计算机软件等。

(17)“递延所得税资产”项目，反映商业银行根据所得税准则确认的可抵扣暂时性差异产生的所得税资产的期末价值。

（18）“其他资产”项目，反映商业银行除以上资产以外的存出保证金、应收及暂付款项、抵债资产等资产。

（二）负债项目

（1）“向中央银行借款”项目，反映商业银行尚未归还的中央银行借款余额。

（2）“同业及其他金融机构存放款项”项目，反映商业银行吸收的同业和其他金融机构的存款余额。

（3）“拆入资金”项目，反映商业银行为了弥补头寸的不足而从境内外金融机构拆入的资金余额。

（4）“交易性金融负债”项目，反映商业银行承担的交易性金融负债的公允价值。

（5）“衍生金融负债”项目，反映商业银行衍生工具、套期工具、被套期项目中属于衍生金融负债部分的公允价值。本项目应根据“衍生工具”、“套期工具”、“被套期项目”等科目的贷方余额分析填列，如果相关科目的余额在借方，则填入“衍生金融资产”项目。

（6）“卖出回购金融资产款”项目，反映商业银行按回购协议先卖出再按固定价格买回的票据、证券、贷款等金融资产所融入的资金。

（7）“吸收存款”项目，反映商业银行吸收的各类存款的余额，包括吸收的单位存款、居民储蓄存款和财政性存款。在报表附注中要按照存款种类详细反映各类存款变动的信息。

（8）“应付职工薪酬”项目，反映商业银行应支付给职工的各种薪酬，包括工资、福利、社会保险费、解除劳动关系的补偿和以现金结算的股份支付等。

（9）“应交税费”项目，反映商业银行按照税法的规定计算应交纳的各种税费，包括营业税、所得税、城市维护建设税和教育费附加等。

（10）“应付利息”项目，反映商业银行按照合同约定应支付的利息，包括吸收存款、同业存放及拆入资金、发行金融债券等应支付的利息。

（11）“预计负债 项目，反映商业银行因为未决诉讼、对外担保等事项产生未来预计可能发生的支付义务。

（12）“应付债券”项目，反映商业银行期末尚未偿还的债券余额。

（13）“递延所得税负债”项目，反映企业根据所得税准则确认的应纳税暂时性差异产生的所得税负债的期末价值。

(14)“其他负债”项目，反映商业银行除以上负债以外的存入保证金、应付股利、其他应付款等负债。

(三) 所有者权益（或股东权益）项目

(1)“实收资本”（或“股本”）项目，反映商业银行接受投资者投入的实收资本的期末余额。

(2)“资本公积”项目，反映商业银行资本公积的期末余额。资本公积主要包括股本溢价以及计入所有者权益（或股东权益）的利得和损失等。

(3)“盈余公积”项目，反映商业银行盈余公积的期末余额。盈余公积是指商业银行从净利润中提取形成的具有特定用途的收益积累。

(4)“一般风险准备”项目，反映商业银行按规定从净利润中提取的一般准备的期末余额。

(5)“未分配利润”项目，反映商业银行尚未分配的利润。本项目根据“本年利润”科目和“利润分配”科目的余额计算填列，未弥补的亏损应在本项目内用“-”号表示。

## 二、商业银行的利润表

利润表亦称损益表，是反映会计主体在某一会计期间经营成果的财务报表。商业银行利润表是银行在报告期间经营活动的动态体现，通过利润表提供的收支信息，可以了解银行的经营成果和利润增减情况，考核银行的经营效率与管理水平，预测银行的未来获利能力及经营前景。

商业银行利润表依据“收入-费用（或支出）=利润”这一基本公式进行编制，目前采用的是多步式利润表。在这种利润表中，不同层次的收入与支出相互配比，计算出不同层次意义上的“利润”即营业利润、利润总额和净利润。具体包括以下几个计算步骤：

营业收入=利息收入-利息支出+手续费及佣金收入-手续费及佣金支出+投资收益（-投资损失）+公允价值变动收益（-公允价值变动损失）+汇兑收益（-汇兑损失）+其他业务收入

营业支出=营业税金及附加+业务及管理费+资产减值损失+其他业务成本

营业利润=营业收入-营业支出

利润总额 = 营业利润 + 营业外收入 - 营业外支出

净利润 = 利润总额 - 所得税费用

具体列示见表 5-2。

表 5-2 利 润 表 会商银 02 表

编制单位： ____年__月__日 单位：元

| 项 目 | 本期金额 | 上期金额 |
|---|---|---|
| 一、营业收入 | | |
| 利息净收入 | | |
| 利息收入 | | |
| 利息支出 | | |
| 手续费及佣金净收入 | | |
| 手续费及佣金收入 | | |
| 手续费及佣金支出 | | |
| 投资收益（损失以“-”号填列） | | |
| 其中：对联营企业和合营企业的投资收益 | | |
| 公允价值变动收益（损失以“-”号填列） | | |
| 汇兑收益（损失以“-”号填列） | | |
| 其他业务收入 | | |
| 二、营业支出 | | |
| 营业税金及附加 | | |
| 业务及管理费 | | |
| 资产减值损失 | | |
| 其他业务成本 | | |
| 三、营业利润（亏损以“-”号填列） | | |
| 加：营业外收入 | | |
| 减：营业外支出 | | |
| 四、利润总额（亏损总额以“-”号填列） | | |
| 减：所得税费用 | | |
| 五、净利润（净亏损以“-”号填列） | | |
| 六、每股收益： | | |
| （一）基本每股收益 | | |
| （二）稀释每股收益 | | |

资料来源：《企业会计准则第 30 号——财务报表列报》应用指南（2006）。

（一）营业收入

营业收入反映商业银行取得经营业务各种收入的总额，本项目根据“利息净收入”、“手续费及佣金净收入”、“投资收益”、“公允价值变动收益”、“汇兑收益”和“其他业务收入”等项目加总计算填列。

（1）“利息净收入”项目，反映商业银行当期确认的利息收入与利息支出的差额。

（2）“利息收入”项目，反映商业银行发放贷款和垫款、存放中央银行款项、存放同业及其他金融机构款项、拆出资金、买入返售金融资产等所取得的利息收入。

（3）“利息支出”项目，反映商业银行吸收存款、向央行借款、同业及其他金融机构存放款项、拆入资金、卖出回购金融资产等产生的利息支出。

（4）“手续费及佣金净收入”项目，反映商业银行当期确认的手续费及佣金收入和支出的差额。

（5）“手续费及佣金收入”项目，反映商业银行办理包括结算业务、咨询业务、担保业务、代理业务以及办理受托贷款及投资业务等取得的手续费及佣金。

（6）“手续费及佣金支出”项目，反映商业银行发生的与其经营活动相关的各项手续费、佣金等支出。

（7）“投资收益”项目，反映商业银行确认的投资收益或投资损失。

（8）“公允价值变动收益”项目，反映商业银行交易性金融资产、交易性金融负债，以及采用公允价值模式计量的投资性房地产、衍生工具、套期保值业务等公允价值变动形成的应计入当期损益的利得或损失。

（9）“汇兑收益”项目，反映商业银行发生的外币交易因汇率变动而产生的汇兑损益。

（10）“其他业务收入”项目，反映商业银行确认的除了贷款业务、结算业务、金融企业往来、投资、汇兑等业务以外的其他经营活动实现的收入。

（二）营业支出

营业支出反映商业银行业务所发生的营业税金及附加、业务及管理费、资产减值损失和其他业务支出的总额。

（1）“营业税金及附加”项目，反映商业银行按规定缴纳的与经营活动相关的各项税费，包括营业税、城市维护建设税、教育费附加等。

(2)“业务及管理费用”项目，反映商业银行在业务经营和管理过程中发生的各项费用。包括折旧费、业务宣传费、业务招待费、电子设备运转费、钞币运送费、安全防范费、邮电费、劳动保护费、外事费、印刷费、低值易耗品摊销、职工工资及福利费、差旅费、水电费、职工教育经费、工会经费、会议费、诉讼费、公证费、咨询费、无形资产摊销、长期待摊费用摊销、取暖降温费、聘请中介机构费、技术转让费、绿化费、董事会费、财产保险费、劳动保险费、待业保险费、住房公积金、物业管理费、研究费用、提取保险保障基金等。

(3)“资产减值损失”项目，反映商业银行计提各项资产减值准备所形成的损失。主要包括商业银行的贷款、抵债资产、长期股权投资、持有至到期投资、采用成本计量的投资性房地产、固定资产、在建工程、无形资产、应收款项等资产发生的减值损失。本项目不包括可供出售金融资产所提取的资产减值准备。

(4)“其他营业支出”项目，反映商业银行确认的其他经营活动所发生的支出。

### (三) 营业利润

营业利润反映商业银行当期的经营利润，发生经营亏损也在本项目，用“-”号表示。本项目等于营业收入总额减去营业支出总额。

### (四) 利润总额

利润总额反映商业银行当期实现的全部利润（或亏损）总额，即税前利润。如为亏损，则以“-”号在本项目内填列。本项目等于营业利润加上营业外收入减去营业外支出。

(1)“营业外收入”项目，反映商业银行发生的各项营业外收入，主要包括非流动资产处置利得、非货币性资产交换利得、债务重组利得、政府补助、盘盈利得、捐赠利得等。

(2)“营业外支出”项目，反映商业银行发生的各项营业外支出，包括非流动资产处置损失、非货币性资产交换损失、债务重组损失、公益性捐赠支出、非常损失、盘亏损失等。

（五）净利润

净利润反映商业银行的税后利润，本项目等于利润总额减去所得税费用。

“所得税费用”项目，反映商业银行按照税法规定确认的应从当期利润总额中扣除的所得税费用。

（六）每股收益

包括“基本每股收益”项目和“稀释每股收益”两个项目。

1. “基本每股收益”项目

股份制银行应当按照归属于普通股股东的当期净利润，除以发行在外普通股加权平均数计算基本每股收益。计算公式如下：

$$基本每股收益=\frac{净利润-优先股股利}{发行在外的加权平均普通股股数}$$

其中，发行在外加权平均普通股股数按下列公式计算：

发行在外普通股加权平均数 = 期初发行在外普通股股数 + 当期新发行普通股股数 × 已发行时间 ÷ 报告期时间 − 当期回购普通股股数 × 已回购时间 ÷ 报告期时间

已发行时间、报告期时间和已回购时间一般按照天数计算；在不影响计算结果合理性的前提下，也可以采用简化的计算方法。

2. “稀释每股收益”项目

股份制银行存在稀释性潜在普通股的，应当分别调整归属于普通股股东的当期净利润和发行在外普通股的加权平均数，并据以计算稀释每股收益。

稀释性潜在普通股，是指假设当期转换为普通股会减少每股收益的潜在普通股。潜在普通股主要包括：可转换公司债券、认股权证和股份期权等。

计算稀释每股收益，应当根据下列事项对归属于普通股股东的当期净利润进行调整：

（1）当期已确认为费用的稀释性潜在普通股的利息；

（2）稀释性潜在普通股转换时将产生的收益或费用。

计算稀释每股收益时，当期发行在外普通股的加权平均数应当为计算基本每股收益时普通股的加权平均数与假定稀释性潜在普通股转换为已发行普通股而增加的普通股股数的加权平均数之和。

### 三、商业银行的现金流量表

现金流量表是反映会计主体在某一会计期间现金及现金等价物流入和流出的财务报表。

现金，是指库存现金和随时能够用于支付的存款；现金等价物，是指持有期限短、流动性强、易于转换为已知金额现金、价值变动风险很小的投资。对于商业银行来说，现金和现金等价物一般包括现金及存放中央银行款项，原到期日不超过3个月的存放同业及其他金融机构款项、拆出资金和买入返售金融资产等。

流动性对于商业银行来说是最重要的风险衡量指标。资产负债表和利润表均是建立在权责发生制基础上编制的，不能准确反映商业银行资金的流动状况。现金流量表则是严格建立在收付实现制基础上编制的，以反映商业银行在一定期间内经营活动、投资活动和筹资活动所产生的现金流入和流出情况的报表。现金流量表将商业银行的利润同资产、负债、所有者权益的变动结合起来，全面反映商业银行资金的来源和运用情况，揭示了银行财务状况变动的原因。

商业银行现金流量表的正表用直接法编制，主要包括经营活动产生的现金流量、投资活动产生的现金流量和筹资活动产生的现金流量三部分，具体列示见表5-3。同时要求在附注中披露用间接法将净利润调节为经营活动现金流量的信息。

**表5-3　　现金流量表**　　会商银03表

编制单位：　　____年__月__日　　单位：元

| 项　目 | 本期金额 | 上期金额 |
|---|---|---|
| 一、经营活动产生的现金流量： | | |
| 客户存款和同业存放款项净增加额 | | |
| 向中央银行借款净增加额 | | |
| 向其他金融机构拆入资金净增加额 | | |
| 收取利息、手续费及佣金的现金 | | |
| 收到其他与经营活动有关的现金 | | |
| 经营活动现金流入小计 | | |

续表

| 项 目 | 本期金额 | 上期金额 |
|---|---|---|
| 客户贷款及垫款净增加额 | | |
| 存放中央银行和同业款项净增加额 | | |
| 支付手续费及佣金的现金 | | |
| 支付给职工以及为职工支付的现金 | | |
| 支付的各项税费 | | |
| 支付其他与经营活动有关的现金 | | |
| 经营活动现金流出小计 | | |
| 经营活动产生的现金流量净额 | | |
| 二、投资活动产生的现金流量： | | |
| 收回投资收到的现金 | | |
| 取得投资收益收到的现金 | | |
| 收到其他与投资活动有关的现金 | | |
| 投资活动现金流入小计 | | |
| 投资支付的现金 | | |
| 购建固定资产、无形资产和其他长期资产支付的现金 | | |
| 支付其他与投资活动有关的现金 | | |
| 投资活动现金流出小计 | | |
| 投资活动产生的现金流量净额 | | |
| 三、筹资活动产生的现金流量： | | |
| 吸收投资收到的现金 | | |
| 发行债券收到的现金 | | |
| 收到其他与筹资活动有关的现金 | | |
| 筹资活动现金流入小计 | | |
| 偿还债务支付的现金 | | |
| 分配股利、利润或偿付利息支付的现金 | | |

续表

| 项　　目 | 本期金额 | 上期金额 |
| --- | --- | --- |
| 支付其他与筹资活动有关的现金 | | |
| 筹资活动现金流出小计 | | |
| 筹资活动产生的现金流量净额 | | |
| 四、汇率变动对现金及现金等价物的影响 | | |
| 五、现金及现金等价物净增加额 | | |
| 加：期初现金及现金等价物余额 | | |
| 六、期末现金及现金等价物余额 | | |

资料来源：《企业会计准则第31号——现金流量表》应用指南（2006）。

### （一）经营活动产生的现金流量

（1）“客户存款和同业存放款项净增加额”项目，反映商业银行本期吸收的客户存款以及吸收的同业和其他金融机构的存款增加额。商业银行也可以根据实际情况将本项目分解成更为详细的项目反映。

（2）“向中央银行借款净增加额”项目，反映商业银行本期向中央银行借入款项的净增加额。

（3）“向其他金融机构拆入资金净增加额”项目，反映商业银行向境内外金融机构拆入款项所取得现金减去拆借给境内外金融机构款项而支付的现金后的增加额。

（4）“收取利息、手续费及佣金的现金”项目，反映商业银行本期收到的利息、手续费及佣金减去支付的利息、手续费及佣金的净额。

（5）“收到其他与经营活动有关的现金”项目，反映商业银行收到的其他与经营活动有关的现金。

以上各项（1~5）合计填列入经营活动现金流入小计项目。

（6）“客户贷款及垫款净增加额”项目，反映商业银行本期发放的各种贷款、办理商业票据贴现等业务的净增加额。

（7）“存放中央银行和同业款项净增加额”项目，反映商业银行本期存放于中央银行及境内外金融机构的款项净增加额。

（8）“支付手续费及佣金的现金”项目，反映商业银行支付的手续费及佣金。

(9)“支付给职工以及为职工支付的现金”项目，反映商业银行为职工支付的各种费用，包括工资、养老金、医疗保险、失业保险以及工伤保险、解除劳动关系的补偿及其他福利费。

(10)“支付的各项税费”项目，反映商业银行按照规定支付的各种税费，包括本期发生本期支付的税费、本期支付以前各期发生的税费和预交的税费。主要有营业税、城市维护建设税、教育费附加和企业所得税等。

(11)“支付其他与经营活动有关的现金”项目，反映商业银行支付的其他与经营活动有关的现金。

以上各项(6~11)合计填列入经营活动现金流出小计项目。

经营活动现金流入小计与经营活动现金流出小计相减后得到经营活动的现金流量净额。

### (二)投资活动产生的现金流量

(1)“收回投资收到的现金”项目，反映商业银行出售、转让或者到期收回除现金等价物以外的“持有至到期投资”、“投资性房地产”、“固定资产”、“处置子公司及其他营业单位收到的现金”净额。银行也可以根据实际情况将本项目细分。

(2)“取得投资收益收到的现金”项目，反映商业银行因股权投资而分得的股利、从子公司、联营企业或者合营企业分得利润而得到现金股利以及债券性投资的利息。

(3)“投资支付的现金”项目，反映商业银行因对外投资而支付的现金。

(4)“购建固定资产、无形资产和其他长期资产支付的现金”项目，反映商业银行购买建造固定资产、取得无形资产和其他长期资产而支付的现金。

### (三)筹资活动产生的现金流量

(1)“吸收投资收到的现金”项目，反映商业银行因发行股票筹集资金实际收到的款项净额，其中筹资过程中由银行直接支付的审计费用、咨询费、法律费用等发行费用在收到的款项中扣除。

(2)“发行债券收到的现金”项目，反映商业银行因发行债券方式筹集资金实际收到的款项净额，其中筹资过程中由银行直接支付的审计费用、咨询费、法律费用等发行费用在收到的款项中扣除。

（3）“偿还债务支付的现金”项目，反映商业银行偿还债务本金而支付的现金。

（4）“分配股利、利润或偿付利息支付的现金”项目，反映商业银行因分配股利、利润或偿付债券利息支付的现金。

## 四、商业银行的所有者权益变动表

所有者权益变动表亦称股东权益变动表，是反映会计主体在某一会计期间所有者权益（或股东权益）变动情况的财务报表。

商业银行的所有者权益变动表反映构成商业银行所有者权益的各组成部分当期增减变动情况，包括会计政策变更和前期会计差错更正对期初余额的影响，当期损益对所有者权益的影响，直接计入权益的利得和损失对所有者权益的影响，所有者当期投入和减少资本的影响以及利润分配对所有者权益的影响，同时反映所有者权益内部结构的变化，具体列示见表5-4。

## 五、商业银行财务报表附注

财务报表附注是对在资产负债表、利润表、所有者权益变动表和现金流量表等报表中列示项目的文字描述或明细资料，以及对未能在这些报表中列示项目的说明等。财务报表附注是财务报表的重要组成部分。

商业银行一般应当按照有关要求在附注中披露下列内容：

（1）商业银行的基本情况；

（2）财务报表的编制基础及遵循企业会计准则的声明；

（3）重要会计政策和会计估计；

（4）财务报表主要项目说明；

（5）分部信息说明；

（6）或有事项和承诺及主要表外事项的说明；

（7）金融风险管理的说明；

（8）关联方关系及交易；

（9）资产负债表日后事项；

（10）其他重要事项说明。

**表 5－4** **所有者权益变动表** 会商银 04 表

编制单位： ____年度 单位：元

| 项目 | 本年金额 | | | | | | 上年金额 | | | | | | | |
|---|---|---|---|---|---|---|---|---|---|---|---|---|---|---|
| | 实收资本（或股本） | 资本公积 | 减：库存股 | 盈余公积 | 一般风险准备 | 未分配利润 | 所有者权益合计 | 实收资本（或股本） | 资本公积 | 减：库存股 | 盈余公积 | 一般风险准备 | 未分配利润 | 所有者权益合计 |
| 一、上年年末余额 | | | | | | | | | | | | | | |
| 加：会计政策变更 | | | | | | | | | | | | | | |
| 前期差错更正 | | | | | | | | | | | | | | |
| 二、本年年初余额 | | | | | | | | | | | | | | |
| 三、本年增减变动金额（减少以“－”号填列） | | | | | | | | | | | | | | |
| （一）净利润 | | | | | | | | | | | | | | |
| （二）直接计入所有者权益的利得和损失 | | | | | | | | | | | | | | |
| 1. 可供出售金融资产公允价值变动净额 | | | | | | | | | | | | | | |
| （1）计入所有者权益的金额 | | | | | | | | | | | | | | |
| （2）转入当期损益的金额 | | | | | | | | | | | | | | |

续表

| 项　　目 | 本年金额 | | | | | | | 上年金额 | | | | | | | |
|---|---|---|---|---|---|---|---|---|---|---|---|---|---|---|---|
| | 实收资本（或股本） | 资本公积 | 减：库存股 | 盈余公积 | 一般风险准备 | 未分配利润 | 所有者权益合计 | 实收资本（或股本） | 资本公积 | 减：库存股 | 盈余公积 | 一般风险准备 | 未分配利润 | 所有者权益合计 |
| 2. 现金流量套期工具公允价值变动净额 | | | | | | | | | | | | | | |
| （1）计入所有者权益的金额 | | | | | | | | | | | | | | |
| （2）转入当期损益的金额 | | | | | | | | | | | | | | |
| （3）计入被套期项目初始确认金额中的金额 | | | | | | | | | | | | | | |
| 3. 权益法下被投资单位其他所有者权益变动的影响 | | | | | | | | | | | | | | |
| 4. 与计入所有者权益项目相关的所得税影响 | | | | | | | | | | | | | | |
| 5. 其他 | | | | | | | | | | | | | | |
| 上述（一）和（二）小计 | | | | | | | | | | | | | | |
| （三）所有者投入和减少资本 | | | | | | | | | | | | | | |
| 1. 所有者投入资本 | | | | | | | | | | | | | | |
| 2. 股份支付计入所有者权益的金额 | | | | | | | | | | | | | | |
| 3. 其他 | | | | | | | | | | | | | | |

续表

| 项　　目 | 本年金额 | | | | | | | 上年金额 | | | | | | |
|---|---|---|---|---|---|---|---|---|---|---|---|---|---|---|
| | 实收资本（或股本） | 资本公积 | 减：库存股 | 盈余公积 | 一般风险准备 | 未分配利润 | 所有者权益合计 | 实收资本（或股本） | 资本公积 | 减：库存股 | 盈余公积 | 一般风险准备 | 未分配利润 | 所有者权益合计 |
| （四）利润分配 | | | | | | | | | | | | | | |
| 1. 提取盈余公积 | | | | | | | | | | | | | | |
| 2. 提取一般风险准备 | | | | | | | | | | | | | | |
| 3. 对所有者（或股东）的分配 | | | | | | | | | | | | | | |
| 4. 其他 | | | | | | | | | | | | | | |
| （五）所有者权益内部结转 | | | | | | | | | | | | | | |
| 1. 资本公积转增资本（或股本） | | | | | | | | | | | | | | |
| 2. 盈余公积转增资本（或股本） | | | | | | | | | | | | | | |
| 3. 盈余公积弥补亏损 | | | | | | | | | | | | | | |
| 4. 一般风险准备弥补亏损 | | | | | | | | | | | | | | |
| 5. 其他 | | | | | | | | | | | | | | |
| 四、本年年末余额 | | | | | | | | | | | | | | |

资料来源：《企业会计准则第30号——财务报表列报》应用指南（2006）。

# 第二节 商业银行绩效评价体系

## 一、商业银行绩效评价概述

商业银行绩效评价是指商业银行运用特定的评价方法、量化的指标体系及相应评价标准，对银行绩效目标的实现程度所进行的综合性评价。商业银行绩效评价的主要依据就是商业银行财务报表，因此要求商业银行的财务报表必须遵循真实性、准确性、完整性和可比性的原则，规范地披露信息。

商业银行绩效评价有着自己的基本原则、指标体系、评价方法和评价标准，这些都是由银行的业务特殊性及其整体发展战略所决定的。通过建立规范科学的绩效评价体系，对商业银行一定时期运营状况和经营业绩进行客观评估和考核，可以促进商业银行不断强化风险管控能力，优化资源配置，改善经营效率，提升核心竞争力。

## 二、商业银行绩效评价体系

商业银行绩效评价体系的核心是一组财务比率指标，按实现银行经营总目标过程中所受的制约因素分为四类，即盈利性指标、流动性指标、风险性指标和清偿力指标。

### （一）盈利性指标

盈利性指标主要用来评价商业银行运用资金赚取收益同时控制成本费用支出的能力。

1. 资产收益率

资产收益率（ROA，Return on Assets），亦称平均总资产回报率，是银行净利润与平均总资产的比值。其计算公式为：

$$资产收益率=\frac{净利润}{平均总资产}\times 100\%$$

平均总资产 =（期初资产总额 + 期末资产总额）/2

该指标将资产负债表、利润表中的相关信息有机结合起来，是衡量银行运用其全部资金获取收益的能力，数值越大，说明商业银行的资产盈利能力越强。

2. 净资产收益率

净资产收益率（ROE，Return on Equity），亦称平均净资产回报率，是银行净利润与平均净资产的比值。其计算公式为：

$$净资产收益率 = \frac{净利润}{平均净资产（股东权益）\times 100\%}$$

平均净资产 =（期初股东权益余额 + 期末股东权益余额）/2

该指标是考察银行盈利能力的重要指标，反映银行运用其自有资金获取收益的能力，数值越大，说明商业银行的资本盈利能力越强。

上市银行编制财务报告时，应列示按加权平均法计算的净资产收益率。计算公式[①]如下：加权平均净资产收益率 = $P_0/(E_0 + NP \div 2 + E_i \times M_i \div M_0 - E_j \times M_j \div M_0 \pm E_k \times M_k \div M_0)$，见表 5-5。

**表 5-5**

| | |
|---|---|
| $P_0$ | 分别对应于归属于公司普通股股东的净利润、扣除非经常性损益后归属于公司普通股股东的净利润； |
| NP | 为归属于公司普通股股东的净利润； |
| E | $E_0$——归属于公司普通股股东的期初净资产；<br>$E_i$——报告期发行新股或债转股等新增的、归属于公司普通股股东的净资产；<br>$E_j$——报告期回购或现金分红等减少的、归属于公司普通股股东的净资产；<br>$E_k$——因其他交易或事项引起的、归属于公司普通股股东的净资产增减变动； |
| M | $M_0$——报告期月份数；<br>$M_i$——新增净资产次月起至报告期期末的累计月数；<br>$M_j$——减少净资产次月起至报告期期末的累计月数；<br>$M_k$——发生其他净资产增减变动次月起至报告期期末的累计月数。 |

① 资料来源：证监会《公开发行证券的公司信息披露编报规则第 9 号——净资产收益率的计算及披露》（2010 年修订）。

3. 每股收益

每股收益（EPS，Earnings Per Share），亦称每股盈余，是银行净利润与总股本的比值。其计算公式为：

$$每股收益 = \frac{净利润 - 优先股股利}{发行在外的加权平均普通股股数}$$

该指标反映了银行每一股份创造的净利润，用以测定银行股票的投资价值。数值越大，说明商业银行的盈利能力越强。

4. 净利息差

净利息差，亦称净利差，是银行生息资产平均收益率减去计息负债平均付息率的差额。其计算公式为：

净利差 = 生息资产平均收益率 - 计息负债平均付息率。

$$生息资产平均收益率 = \frac{利息收入}{生息资产平均余额} \times 100\%$$

$$计息负债平将付息率 = \frac{利息支出}{计息负债平均余额} \times 100\%$$

生息资产是贷款及垫款、投资资产、存放中央银行款项、存放和拆放同业及其他金融机构款项的总称。

计息负债是客户存款、已发行债务证券、向中央银行借款、同业及其他金融机构存放和拆入款项的总称。

该指标反映了商业银行所处的利率环境以及定价能力，其数值越大，说明商业银行的盈利能力越强。

5. 净利息收益率

净利息收益率（NIM，Net Interest Margin），是银行利息净收入与生息资产平均余额的比值。其计算公式为：

$$净利息收益率 = \frac{利息净收入}{生息资产平均余额} \times 100\%$$

利差收入是目前银行获取利润的主要方式，也是影响商业银行经营绩效的关键因素。该指标反映了商业银行生息资产创造净利息收入的能力，其数值越大，说明商业银行的盈利能力越强。

上述两指标具体计算方法见表 5 - 6。

表 5 - 6 生息资产平均收益率和计息负债平均付息率

人民币百万元、百分比除外

| 项目 | 2014 年 | | | 2013 年 | | |
|---|---|---|---|---|---|---|
| | 平均余额 | 利息收入/支出 | 平均收益率/付息率（%） | 平均余额 | 利息收入/支出 | 平均收益率/付息率（%） |
| 资产 | | | | | | |
| 客户贷款及垫款 | 10 599 094 | 615 488 | 5.81 | 9 457 500 | 548 640 | 5.80 |
| 投资 | 4 047 961 | 159 262 | 3.93 | 3 969 162 | 148 514 | 3.74 |
| 非重组类债券 | 3 817 143 | 145 070 | 4.04 | 3 711 336 | 142 713 | 3.85 |
| 重组类债券(2) | 230 818 | 5 192 | 2.25 | 257 826 | 5 801 | 2.25 |
| 存放中央银行款项(3) | 3 087 982 | 48 384 | 1.57 | 2 883 971 | 45 487 | 1.58 |
| 存放和拆放同业及其他金融机构款项(4) | 826 615 | 26 745 | 3.24 | 908 823 | 24 470 | 2.69 |
| 总生息资产 | 18 561 625 | 849 879 | 4.58 | 17 219 456 | 767 111 | 4.45 |
| 非生息资产 | 1 371 253 | | | 1 172 816 | | |
| 资产减值准备 | (253 327) | | | (234 280) | | |
| 总资产 | 19 679 578 | | | 18 157 992 | | |
| 负债 | | | | | | |
| 存款 | 14 627 258 | 298 941 | 2.04 | 13 843 197 | 273 797 | 1.98 |
| 同业及其他金融机构存放和拆入款项(4) | 1 819 544 | 42 801 | 2.35 | 1 685 542 | 38 209 | 2.27 |
| 已发行债务证券 | 397 785 | 14 615 | 3.67 | 291 733 | 11 770 | 4.03 |
| 总计息负债 | 16 844 587 | 356 357 | 2.12 | 15 820 472 | 323 776 | 2.05 |
| 非计息负债 | 1 389 264 | | | 1 171 539 | | |
| 总负债 | 18 233 851 | | | 16 992 011 | | |
| 利息净收入 | | 493 522 | | | 443 335 | |
| 净利息差 | | | 2.46 | | | 2.40 |
| 净利息收益率 | | | 2.66 | | | 2.57 |

资料来源：中国工商银行 2014 年度报告。

6. 成本收入比

成本收入比是银行业务及管理费与营业收入的比值。其计算公式为：

$$成本收入比 = \frac{业务及管理费}{营业收入} \times 100\%$$

该指标反映商业银行控制费用开支的能力，数值越小，说明商业银行控制费用的能力越强，盈利水平就越高，参见表5－7。

**表5－7　国内主要上市银行的盈利性指标比较**

| 银行名称 | 资产收益率（%） | | 加权平均净资产收益率（%） | | 净利息差（%） | | 净利息收益率（%） | | 成本收入比（%） | |
|---|---|---|---|---|---|---|---|---|---|---|
| | 2014年 | 2013年 | 2014年 | 2013年 | 2014年 | 2013年 | 2014年 | 2013年 | 2014年 | 2013年 |
| 工商银行 | 1.40 | 1.44 | 19.96 | 21.92 | 2.46 | 2.40 | 2.66 | 2.57 | 26.75 | 28.03 |
| 农业银行 | 1.18 | 1.20 | 19.57 | 20.89 | 2.76 | 2.65 | 2.92 | 2.79 | 34.56 | 36.30 |
| 建设银行 | 1.42 | 1.47 | 19.74 | 21.23 | 2.61 | 2.56 | 2.80 | 2.74 | 28.85 | 29.65 |
| 交通银行 | 1.08 | 1.11 | 14.87 | 15.49 | 2.17 | 2.33 | 2.36 | 2.52 | 30.29 | 29.35 |
| 民生银行 | 1.26 | 1.34 | 20.41 | 23.23 | 2.41 | 2.30 | 2.59 | 2.49 | 33.27 | 32.75 |
| 招商银行 | 1.28 | 1.39 | 19.28 | 22.22 | 2.33 | 2.65 | 2.52 | 2.82 | 30.54 | 34.36 |
| 兴业银行 | 1.18 | 1.20 | 21.21 | 22.39 | 2.23 | 2.23 | 2.48 | 2.44 | 23.78 | 26.71 |
| 浦发银行 | 1.20 | 1.21 | 19.18 | 20.02 | 2.27 | 2.26 | 2.50 | 2.46 | 23.12 | 25.83 |

资料来源：上市银行2014年度报告。

（二）流动性指标

流动性是银行经营中盈利性和安全性之间的平衡杠杆。一般来说，流动性强的资产，收益率相对较低；收益率高的资产，其流动性相对较弱。商业银行由于自身特殊的资产负债结构，更易受到流动性危机的威胁，这也是银行将流动性指标从一般风险指标中分离出来的原因。

反映流动性状况的监管指标包括流动性比率、存贷比和流动性覆盖率。

1. 流动性比率

流动性比率，亦称流动性比例，是商业银行流动性资产与流动性负债的比值。其计算公式为：

$$流动性比率=\frac{流动性资产余额}{流动性负债余额}\times 100\%$$

流动性资产是指1个月内（含1个月）可变现的资产，包括现金、黄金、超额准备金存款、1个月内到期的同业净拆出款、1个月内到期的债券投资、在国内外二级市场上随时可以变现的债券投资、其他1个月内可变现的资产。

流动性负债是指1个月内（含1个月）到期的负债，包括活期存款、1个月内到期的定期存款、1个月内到期的同业净拆入款、1个月内到期的已发行债券、其他1个月内到期的负债。

上市银行一般按规定口径分别计算人民币流动性比率和外币流动性比率。

我国银监会规定，商业银行的流动性比率应当不低于25%。

2. 存贷比

存贷比，亦称贷存比，是商业银行银行资产负债表中贷款余额与存款余额的比值。其计算公式为：

$$存贷比=\frac{贷款余额}{存款余额}\times 100\%$$

存贷比指标反映了商业银行整体资产调整能力。该指标高，意味着银行资金运用效率高，但是流动性风险较大；反之则说明银行资金运用效率低，但是流动性风险较小。一般而言，大银行存贷比较低，经营策略更为稳健；而中小银行存贷比较高，经营策略较为积极（见表5-8）。

我国银监会规定，商业银行的存贷比应当不高于75%。

**表5-8　　国内主要上市银行的流动性指标比较**

| 银行名称 | 人民币流动性比率（%） | | 监管标准（%） | 存贷比（%） | | 监管标准（%） |
|---|---|---|---|---|---|---|
| | 2014年 | 2013年 | | 2014年 | 2013年 | |
| 工商银行 | 33.20 | 30.20 | | 68.40 | 66.60 | |
| 农业银行 | 44.02 | 43.57 | | 64.61 | 61.17 | |
| 建设银行 | 48.88 | 46.57 | | 73.45 | 70.28 | |
| 交通银行 | 47.17 | 47.63 | >=25 | 74.07 | 73.40 | <=75 |
| 民生银行 | 36.00 | 29.31 | | 69.88 | 73.39 | |
| 招商银行 | 59.38 | 59.64 | | 70.49 | 74.44 | |
| 兴业银行 | 41.15 | 34.80 | | 64.76 | 61.95 | |
| 浦发银行 | 30.68 | 30.86 | | 74.24 | 72.30 | |

资料来源：上市银行2014年度报告。

3. 流动性覆盖率

流动性覆盖率，是合格优质流动性资产与未来30天现金净流出量的比值。该指标旨在确保商业银行具有充足的合格优质流动性资产，能够在银监会《商业银行流动性风险管理办法（试行）》规定的流动性压力情景下，通过变现这些资产满足商业银行未来至少30天的流动性需求。其计算公式为：

$$流动性覆盖率=\frac{合格优质流动性资产}{未来30天现金净流出量}\times 100\%$$

合格优质流动性资产是指满足相关条件的现金类资产，以及能够在无损失或极小损失的情况下在金融市场快速变现的各类资产。

未来30天现金净流出量是指在相关压力情景下，未来30天的预期现金流出总量与预期现金流入总量的差额。

我国银监会规定，商业银行的流动性覆盖率应当在2018年底前达到100%。在过渡期内，应当在2014年底、2015年底、2016年底及2017年底前分别达到60%、70%、80%、90%。

（三）风险性指标

1. 信用风险

信用风险是指借款人或交易对手未按照约定条款履行其相关义务而给商业银行造成损失的可能性。商业银行的信用风险主要来源于贷款业务、投资业务、担保业务以及其他各种表内外信用业务等。评价银行信用风险的主要指标有不良贷款率、拨备覆盖率和贷款拨备率。

（1）$不良贷款率=\frac{不良贷款余额}{发放贷款和垫款总额}\times 100\%$

不良贷款是指在评估银行贷款质量时，把贷款按风险基础分为正常、关注、次级、可疑和损失五类，其中后三类合称为不良贷款。

不良贷款率是评价银行信贷资产安全状况的重要指标。不良贷款率高，说明收回贷款的风险大，反之则说明收回贷款的风险小。

（2）$拨备覆盖率=\frac{贷款减值准备}{不良贷款余额}\times 100\%$

（3）$贷款拨备率=\frac{贷款减值准备}{发放贷款和垫款总额}\times 100\%$

贷款拨备率和拨备覆盖率反映了商业银行所持审慎性的高低和对风险程度的判断。为了弥补未来贷款可能出现的损失，商业银行必须建立相应的保证制度计提充足的拨备，以提高银行抵御不良贷款风险的能力。

除上述指标之外，银行还会通过贷款集中度指标衡量其信用风险，包括以下两个指标（见表5-9）：

$$最大单一客户贷款比例=\frac{最大一家客户贷款总额}{资本净额}\times 100\%$$

$$最大十家客户贷款比例=\frac{最大十家客户贷款总额}{资本净额}\times 100\%$$

其中：资本净额是总资本与对应资本扣减项的差额。

一般来说，贷款的客户集中度越低越好。

**表5-9　　国内主要上市银行资产质量指标比较**

| 银行名称 | 不良贷款率（%） | | 拨备覆盖率（%） | | 贷款拨备率（%） | |
|---|---|---|---|---|---|---|
| | 2014年 | 2013年 | 2014年 | 2013年 | 2014年 | 2013年 |
| 工商银行 | 1.13 | 0.94 | 206.90 | 257.19 | 2.34 | 2.43 |
| 农业银行 | 1.54 | 1.22 | 286.53 | 367.04 | 4.42 | 4.46 |
| 建设银行 | 1.19 | 0.99 | 222.33 | 268.22 | 2.66 | 2.66 |
| 交通银行 | 1.25 | 1.05 | 178.88 | 213.65 | 2.24 | 2.24 |
| 民生银行 | 1.17 | 0.85 | 182.20 | 259.74 | 2.12 | 2.21 |
| 招商银行 | 1.11 | 0.83 | 233.42 | 266.00 | 2.59 | 2.22 |
| 兴业银行 | 1.10 | 0.76 | 250.21 | 352.10 | 2.76 | 2.68 |
| 浦发银行 | 1.06 | 0.74 | 249.09 | 319.65 | 2.65 | 2.36 |

资料来源：上市银行2014年度报告。

2. 利率风险

利率风险是指市场利率变动的不确定性给商业银行造成损失的可能性。市场利率的波动会引发商业银行利差收入乃至全部收入的波动，不同银行面对利率波动所受的影响不同。银行对风险的承受能力可以通过以下两个指标度量：

（1）利率敏感性缺口=利率敏感性资产-利率敏感性负债

（2）利率敏感比率=利率敏感性资产/利率敏感性负债

如果商业银行利率敏感性资产和利率敏感性负债不相等，就会产生缺口。

当利率敏感性资产大于利率敏感性负债时，银行存在正缺口和资产敏感，利率敏感性比率大于1；当利率敏感性资产小于利率敏感性负债时，银行存在负缺口和负债敏感，利率敏感性比率小于1。

在银行存在正缺口和资产敏感的情况下，如果利率上升，由于敏感性资产利息收入的增加超过敏感性负债利息支出的增加，银行的净利息收入上升；如果利率下降，由于资产利息收入的减少超过负债利息支出的减少，银行的净利息收入下降。

在银行存在负缺口和负债敏感的情况下，如果利率上升，由于敏感性负债利息支出的增加超过敏感性资产利息收入的增加，银行的净利息收入下降；如果利率下降，由于负债利息支出的减少超过资产利息收入的减少，银行的净利息收入上升。

### （四）清偿力指标

清偿力指标主要用来评价商业银行运用其全部资产偿付债务的能力，反映了银行债权人所受保障的程度，也是直接影响银行声誉的指标。具体衡量指标包括股东权益比率、资本充足率和杠杆率等。

1. 股东权益比率

股东权益比率是所有者权益与资产总额的比值。其计算公式为：

$$股东权益比率 = \frac{期末股东权益总额}{期末资产总额} \times 100\%$$

股东权益是银行全部资金中属于银行所有者（或股东）的部分，具有保护性功能，即吸收银行资产损失，保护债权人权益的功能。该指标将资本量与资产总量结合起来，简单地反映出银行动用自有资金，在不损害债权人利益的前提下应付资产损失的能力。该比值越高，表明银行清偿能力越强。

该指标是一项传统指标，优点是计算方便。随着银行业务的不断发展，资产、负债结构有了很大改变，不同资产所面临的风险有较大差异，资产规模和资产可能遭受的损失之间不再保持简单的比例关系，该指标的有效性有所下降。

2. 资本充足率

资本充足率是商业银行持有的资本净额与风险加权资产之间的比率。

我国银监会规定，商业银行资本充足监管指标可以分为核心一级资本充足率、一级资本充足率和总资本充足率三个指标，具体计算方法如下：

$$核心一级资本充足率 = \frac{核心一级资本 - 对应资本扣减项}{风险加权资产} \times 100\%$$

$$一级资本充足率 = \frac{一级资本 - 对应资本扣资项}{风险加权资产} \times 100\%$$

$$总资本充足率 = \frac{总资本 - 对应资本扣减项}{风险加权资产} \times 100\%$$

其中：

一级资本包括核心一级资本和其他一级资本；

总资本包括核心一级资本、其他一级资本和二级资本。

风险加权资产包括信用风险加权资产、市场风险加权资产和操作风险加权资产。商业银行资本组成见表5-10。

表5-10 商业银行资本组成

| 资本 | 具体内容 | 资本扣除项 |
|---|---|---|
| 核心一级资本 | （1）实收资本或普通股<br>（2）资本公积<br>（3）盈余公积<br>（4）一般风险准备<br>（5）未分配利润<br>（6）少数股东资本可计入部分 | （1）商誉<br>（2）其他无形资产（土地使用权除外）<br>（3）由经营亏损引起的净递延税资产<br>（4）贷款损失准备缺口<br>（5）资产证券化销售利得<br>（6）确定受益类的养老金资产净额<br>（7）直接或间接持有本银行的股票<br>（8）对资产负债表中未按公允价值计量的项目进行套期形成的现金流储备<br>（9）商业银行自身信用风险变化导致其负债公允价值变化带来的未实现损益 |
| 其他一级资本 | （1）其他一级资本工具及其溢价<br>（2）少数股东资本可计入部分 | |
| 二级资本（附属资本） | （1）二级资本工具及其溢价<br>（2）超额贷款损失准备 | |

资料来源：《商业银行资本管理办法（试行）》，中国银行业监督管理委员会。

资本充足率指标是衡量商业银行业务经营是否稳健的一个重要指标，它反映了商业银行的资本既能经受坏账损失的风险，又能正常营运、达到盈利水平的能力。一家商业银行的资本充足率越高，能够承受违约资产风险的能力就越大，资本风险也越小。但从盈利角度看，资本充足率并非越高越好，因为较低的资本充足率，意味着商业银行开展资产业务所需资本的支持数量相对较少，资金成本也相应提高。

我国银监会规定，商业银行核心一级资本充足率不得低于5%；一级资本充足率不得低于6%；总资本充足率不得低于8%，参见表5-11。

表5-11 国内主要上市银行资本充足率比较

| 银行名称 | 核心一级资本充足率（%） | | 一级资本充足率（%） | | 总资本充足率（%） | |
|---|---|---|---|---|---|---|
| | 2014年 | 2013年 | 2014年 | 2013年 | 2014年 | 2013年 |
| 工商银行 | 11.92 | 10.57 | 12.19 | 10.57 | 14.53 | 13.12 |
| 农业银行 | 9.09 | 9.25 | 9.46 | 9.25 | 12.82 | 11.86 |
| 建设银行 | 12.12 | 10.75 | 12.12 | 10.75 | 14.87 | 13.34 |
| 交通银行 | 11.30 | 9.76 | 11.30 | 9.76 | 14.04 | 12.08 |
| 民生银行 | 8.58 | 8.72 | 8.59 | 8.72 | 10.69 | 10.69 |
| 招商银行 | 9.60 | 9.27 | 9.60 | 9.27 | 11.74 | 11.14 |
| 兴业银行 | 8.45 | 8.68 | 8.89 | 8.68 | 11.29 | 10.83 |
| 浦发银行 | 8.52 | 8.45 | 9.05 | 8.45 | 11.25 | 10.85 |

资料来源：上市银行2014年度报告。

3. 杠杆率

杠杆率是商业银行持有的、符合有关规定的一级资本与商业银行调整后的表内外资产余额的比值。其计算公式为：

$$杠杆率 = \frac{一级资本}{调整后表内外资产余额} \times 100\%$$

杠杆率与资本充足率在反映银行风险状况方面是互补的。杠杆率反映了商业银行的资产规模和杠杆程度以及资产过度扩张带来的风险，与资本充足率相比，杠杆率的计算比较简单，它不受资产风险权重的影响，不需要复杂的风险计量模型，降低了实施成本。

我国银监会规定，商业银行的杠杆率不得低于4%。

反映财务杠杆的另外一个指标是权益乘数，即总资产相当于股东权益的倍数。

## 第三节 商业银行绩效评价方法

运用准确有效的评价方法是衡量商业银行经营绩效的重要保证，随着技术水平的演进和提高，商业银行的绩效评价已经发展出多种方法，常用的评价方法有比较分析法、比率分析法、杜邦分析法和经济增加值法等。

## 一、比较分析法

比较分析法是指将报表主要项目或指标数值进行对比，揭示差异并分析形成差异的原因，据此评估商业银行财务状况和经营成果的一种分析方法。比较的形式主要有同业比较和趋势比较，将一家商业银行的绩效评价指标值与同业平均水平进行横向比较，可以反映出该银行经营中的优势和不足；利用连续期间对指标值进行比较，可以看出该银行的经营发展趋势，并对未来情况作出预测。表 5 - 12 为工商银行利润表主要项目的变动情况。

**表 5 - 12　　工商银行利润表主要项目的变动情况** 人民币百万元，百分比除外

| 项　目 | 2014 年 | 2013 年 | 增减额 | 增长率（%） |
|---|---|---|---|---|
| 利息净收入 | 493 522 | 443 335 | 50 187 | 11.3 |
| 非利息收入 | 165 370 | 146 302 | 19 068 | 13.0 |
| 营业收入 | 658 892 | 589 637 | 69 255 | 11.7 |
| 减：营业支出 | 299 280 | 252 591 | 46 689 | 18.5 |
| 其中：营业税金及附加 | 41 351 | 37 441 | 3 910 | 10.4 |
| 　　业务及管理费 | 176 261 | 165 280 | 10 981 | 6.6 |
| 　　资产减值损失 | 56 729 | 38 321 | 18 408 | 48.0 |
| 　　其他业务成本 | 24 939 | 11 549 | 13 390 | 115.9 |
| 营业利润 | 359 612 | 337 046 | 22 566 | 6.7 |
| 加：营业外收支净额 | 2 000 | 1 491 | 509 | 34.1 |
| 税前利润 | 361 612 | 338 537 | 23 075 | 6.8 |
| 减：所得税费用 | 85 326 | 75 572 | 9 754 | 12.9 |
| 净利润 | 276 286 | 262 965 | 13 321 | 5.1 |
| 归属于：母公司股东 | 275 811 | 262 649 | 13 162 | 5.0 |
| 　　少数股东 | 475 | 316 | 159 | 50.3 |

资料来源：中国工商银行 2014 年度报告。

## 二、比率分析法

比率分析法是指利用财务报表中相关数值的比率揭示商业银行财务状况和经营成果的一种分析方法。

在绩效评价中，通常把比率分析法和比较分析法结合起来，这样才能更全面深入地揭示银行财务状况、经营成果及其变动趋势。表5－13为交通银行主要财务指标的变动情况。

表5－13 交通银行主要财务指标的变动情况

| 主要财务指标（%） | 2014年 | 2013年 | 变化（百分点） | 2012年 |
|---|---|---|---|---|
| 平均资产回报率 | 1.08 | 1.11 | (0.03) | 1.18 |
| 加权平均净资产收益率 | 14.87 | 15.49 | (0.62) | 18.43 |
| 扣除非经常性损益后的加权平均净资产收益率 | 14.72 | 15.42 | (0.70) | 18.28 |
| 存贷比 | 74.07 | 73.40 | 0.67 | 72.71 |
| 流动性比例 | 47.17 | 47.62 | (0.45) | 37.93 |
| 单一最大客户贷款比率 | 1.50 | 1.55 | (0.05) | 1.71 |
| 前十大客户贷款比率 | 11.46 | 13.67 | (2.21) | 14.22 |
| 不良贷款率 | 1.25 | 1.05 | 0.20 | 0.92 |
| 拨备覆盖率 | 178.88 | 213.65 | (34.77) | 250.68 |
| 拨备率 | 2.24 | 2.24 | — | 2.30 |
| 成本收入比 | 30.29 | 29.35 | 0.94 | 29.71 |
| 资本充足率 | 14.04 | 12.08 | 1.96 | 不适用 |
| 一级资本充足率 | 11.30 | 9.76 | 1.54 | 不适用 |
| 核心一级资本充足率 | 11.30 | 9.76 | 1.54 | 不适用 |

资料来源：交通银行2014年度报告。

## 三、杜邦分析法

杜邦分析法是利用各主要财务比率之间的内在联系，对商业银行财务状况和经营成果进行综合分析评价的一种方法。其基本思路是将净资产收益率

（ROE）逐级分解为多项财务比率乘积，重点揭示资产盈利能力和权益乘数对银行资本报酬率的影响，以及各有关指标间的相互作用关系。由于这种分析方法最早由美国杜邦公司使用，故名杜邦分析法。

杜邦分析体系的基本框架如图5－1所示。

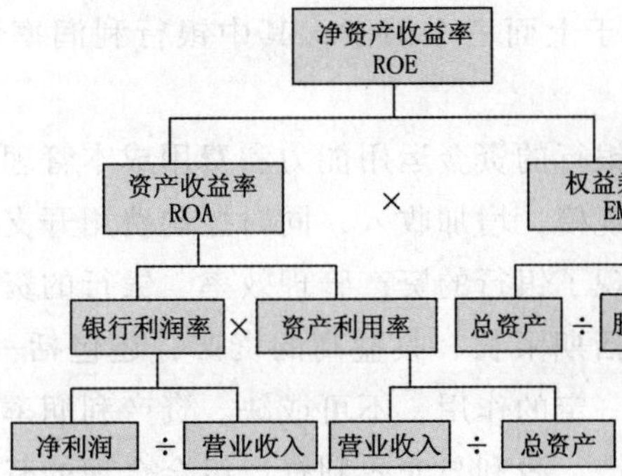


**图5－1 杜邦分析体系基本框架**

（一）两因素的杜邦分析法

净资产收益率（ROE）是股东所关心的与其财富直接相关的重要指标，将其分解为两个指标，从不同角度分析对ROE的影响。建立模型如下：

$$净资产收益率=\frac{净利润}{股东权益}\times 100\%=\frac{净利润}{总资产}\times\frac{总资产}{股东权益}\times 100\%$$

$$资产收益率=\frac{净利润}{总资产}\times 100\%$$

$$权益乘数=\frac{总资产}{股东权益}\times 100\%$$

即：净资产收益率（ROE）＝资产收益率（ROA）×权益乘数（EM）

模型显示，ROE受ROA和EM的共同影响。ROA是银行盈利能力的集中体现，它的提高会带来ROE的提高；EM（Equity Multiplier）则是衡量财务杠杆的重要指标，反映了银行的风险状况，提高EM可以改善ROE水平，但权益乘数越大表明银行负债程度越高，会导致银行经营的不稳定。

（二）三因素的杜邦分析法

银行资产收益率取决于多个因素，将其分解可以扩展为三因素分析模型，能更好地从ROE指标出发分析评价银行经营绩效。建立模型如下：

$$净资产收益率 = \frac{净利润}{股东权益} \times 100\%$$

$$= \frac{净利润}{营业收入} \times \frac{营业收入}{总资产} \times \frac{总资产}{股东权益} \times 100\%$$

$$= 银行利润率 \times 资产利用率 \times 权益乘数$$

模型显示，ROE 取决于上面三个因素，其中银行利润率和资产利用率也包含着丰富的内涵。

首先，利润率体现了银行的资金运用能力和费用成本管理效率。银行利润率的提高，要靠扩大资产规模，增加收入，同时控制费用开支才能得以实现。

其次，资产利用率体现了银行的资产管理效率。银行的资产组合包括周转快、收益低的资产，也包括期限长、收益高的资产，还包括一些非盈利资产。各类资产在经营中都会起一定的作用，不可或缺。资产利润率的提高，必须在资产规模适度，长短期资产、盈利与非盈利资产组合合理的基础上实现。

至于权益乘数，在一定程度上体现了银行的风险状况。

因此，以上三因素分析模型可以变换为：

净资产收益率 = 资金运用和费用管理效率 × 资产管理效率 × 风险因素

三因素分析模型比两因素分析模型融入了更多的相关因素，因而其评价结论也更具综合性和说服力。

### （三）四因素的杜邦分析法

根据上述原理，商业银行还可以将银行利润率继续分解为两个因素，进而以四个因素来描述 ROE 的变动情况。建立模型如下：

$$净资产收益率 = 银行利润率 \times 资产利用率 \times 权益乘数$$

$$= \frac{净利润}{税前利润} \times \frac{税前利润}{营业收入} \times \frac{营业收入}{总资产} \times \frac{总资产}{股东权益} \times 100\%$$

银行税前利润是其营业中的应税所得，不包括免税收入和特殊的营业外净收入，“净利润/税前利润”指标值越高，表明银行的税赋支出越小，税赋管理能力较强。“税前利润/营业收入”指标反映了单位收入创造利润的能力，是银行资金运用与费用成本管理效率的体现。因此，以上四因素分析模型又可以变换为：

净资产收益率 = 税赋支出管理效率 × 资金运用和费用管理效率 × 资产管理效率 × 风险因素

这一模型更多地体现了银行经营管理中的各方面情况及其相互制约关系，

有利于对银行的经营绩效进行更全面的分析评估。

### 四、经济增加值法

经济增加值（EVA，Economic Value Added），是指银行税后营业净利润与全部投入资本（借入资本和自有资本之和）成本之间的差额，是评价经营效率和资本使用效率的综合指数。计算公式如下：

经济增加值（EVA）= 税后净营业利润 - 资本总额 × 加权平均资本成本

其中：

税后净营业利润等于税后净利润加上利息支出部分，它实际上是在不涉及资本结构的情况下公司经营所获得的税后利润。

资本总额是指所有投资者投入银行经营的全部资本的账面价值，包括债务资本和权益资本。

加权平均资本成本是指债务资本的单位成本和权益资本的单位成本，根据债务和股本在资本结构中各自所占的权重计算的平均单位成本。

经济增加值法的核心思想是：商业银行只有在其资本收益超过为获得该收益所投入的资本的全部成本时才能为股东带来价值。由此可知，当 EVA 大于零时，说明资本所有者投入资本获得增值，银行经营业绩较好，可以继续扩张创造价值；当 EVA 小于零时，说明资本所有者投入资本不但未得到保值，而且有损失，银行经营没有达到正常利润水平；当 EVA 等于零时，说明银行的利润仅能满足债权人和投资者预期获得的收益。

在实践中，经济增加值的计算要相对复杂一些，这主要是由两方面因素决定的：一是在计算税后净营业利润和投入资金总额时需要对银行报表某些科目的处理方法进行调整，以消除根据会计准则编制的财务报表对银行真实情况的扭曲；二是资本成本的确定需要考虑经济环境、资本市场和银行经营状况等因素。

EVA 体现了以银行效益和价值为中心的经营理念，尽量剔除了会计失真的影响，为评价银行经营绩效提供了一个新的思路和新的解决方案。目前，EVA 理论已在美国和欧洲的银行业里得到了广泛应用，我国银行业也逐渐尝试将其引入用来考评下属分支行和总体的经营绩效。

# 附件：

## 工商银行资产负债表、利润表和现金流量表

（2014 年度）

附表 1

中国工商银行股份有限公司
合并资产负债表和资产负债表①
2014 年 12 月 31 日
（除特别注明外，金额单位均为人民币百万元）

| | 附注四 | 本集团 | | 本行 | |
|---|---|---|---|---|---|
| | | 2014 年 | 2013 年 | 2014 年 | 2013 年 |
| 资产： | | | | | |
| 现金及存放中央银行款项 | 1 | 3 523 622 | 3 294 007 | 3 473 327 | 3 253 660 |
| 存放同业及其他金融机构款项 | 2 | 304 273 | 306 366 | 270 129 | 292 487 |
| 贵金属 | | 95 950 | 61 821 | 95 885 | 61 772 |
| 拆出资金 | 3 | 478 503 | 411 618 | 467 611 | 465 019 |
| 以公允价值计量且其变动计入当期损益的金融资产 | 4 | 346 828 | 372 556 | 343 263 | 371 698 |
| 衍生金融资产 | 5 | 24 048 | 25 020 | 22 292 | 23 049 |
| 买入返售款项 | 6 | 468 462 | 331 903 | 259 213 | 95 575 |
| 客户贷款及垫款 | 7 | 10 768 750 | 9 681 415 | 10 184 215 | 9 169 446 |
| 可供出售金融资产 | 8 | 1 188 288 | 1 000 800 | 1 090 116 | 916 541 |
| 持有至到期投资 | 9 | 2 566 390 | 2 624 400 | 2 548 977 | 2 624 378 |
| 应收款项类投资 | 10 | 331 731 | 324 488 | 319 108 | 320 407 |
| 长期股权投资 | 11 | 28 919 | 28 515 | 106 777 | 101 423 |
| 固定资产 | 12 | 171 434 | 135 863 | 106 436 | 100 769 |
| 在建工程 | 13 | 24 804 | 24 841 | 17 750 | 18 221 |
| 递延所得税资产 | 14 | 24 758 | 28 860 | 23 899 | 28 139 |
| 其他资产 | 15 | 263 193 | 265 279 | 216 833 | 209 124 |
| 资产合计 | | 20 609 953 | 18 917 752 | 19 545 831 | 18 051 708 |

① 报表来源：巨潮资讯网，下同。

附表 2

## 中国工商银行股份有限公司

## 合并资产负债表和资产负债表（续）

2014 年 12 月 31 日

（除特别注明外，金额单位均为人民币百万元）

| | 附注四 | 本集团 | | 本行 | |
|---|---|---|---|---|---|
| | | 2014 年 | 2013 年 | 2014 年 | 2013 年 |
| 负债： | | | | | |
| 向中央银行借款 | | 631 | 724 | 226 | 418 |
| 同业及其他金融机构 | | | | | |
| 存放款项 | 16 | 1 106 776 | 867 094 | 1 092 303 | 876 896 |
| 拆入资金 | 17 | 432 463 | 402 161 | 300 977 | 295 416 |
| 以公允价值计量且其变动计入 | | | | | |
| 当期损益的金融负债 | 18 | 589 385 | 553 607 | 589 217 | 552 759 |
| 衍生金融负债 | 5 | 24 191 | 19 168 | 22 324 | 16 986 |
| 卖出回购款项 | 19 | 380 957 | 299 304 | 161 718 | 63 754 |
| 存款证 | 20 | 176 248 | 130 558 | 137 109 | 99 186 |
| 客户存款 | 21 | 15 556 601 | 14 620 825 | 15 024 101 | 14 201 528 |
| 应付职工薪酬 | 22 | 28 148 | 24 529 | 26 013 | 23 104 |
| 应交税费 | 23 | 72 278 | 67 051 | 71 441 | 65 796 |
| 已发行债务证券 | 24 | 279 590 | 253 018 | 243 690 | 220 481 |
| 递延所得税负债 | 14 | 451 | 420 | — | — |
| 其他负债 | 25 | 424 930 | 400 830 | 371 735 | 373 879 |
| 负债合计 | | 19 072 649 | 17 639 289 | 18 040 854 | 16 790 203 |

附表 3

## 中国工商银行股份有限公司
## 合并资产负债表和资产负债表（续）

2014 年 12 月 31 日

（除特别注明外，金额单位均为人民币百万元）

| | 附注四 | 本集团 | | 本行 | |
|---|---|---|---|---|---|
| | | 2014 年 | 2013 年 | 2014 年 | 2013 年 |
| 股东权益： | | | | | |
| 股本 | 26 | 353 495 | 351 390 | 353 495 | 351 390 |
| 其他权益工具 | | 34 428 | — | 34 428 | — |
| 其中：优先股 | 27 | 34 428 | — | 34 428 | — |
| 资本公积 | 28 | 144 874 | 140 844 | 148 838 | 144 826 |
| 其他综合收益 | | （24 548） | （56 859） | （18 186） | （48 845） |
| 盈余公积 | 29 | 150 752 | 123 870 | 149 270 | 122 733 |
| 一般准备 | 30 | 221 622 | 202 940 | 218 078 | 199 916 |
| 未分配利润 | 31 | 650 236 | 511 949 | 619 054 | 491 485 |
| 归属于母公司股东的权益 | | 1 530 859 | 1 274 134 | 1 504 977 | 1 261 505 |
| 少数股东权益 | | 6 445 | 4 329 | — | — |
| 股东权益合计 | | 1 537 304 | 1 278 463 | 1 504 977 | 1 261 505 |
| 负债及股东权益总计 | | 20 609 953 | 18 917 752 | 19 545 831 | 18 051 708 |

附表 4

## 中国工商银行股份有限公司
## 合并利润表和利润表

2014 年度

（除特别注明外，金额单位均为人民币百万元）

| | 附注四 | 本集团 | | 本行 | |
|---|---|---|---|---|---|
| | | 2014 年 | 2013 年 | 2014 年 | 2013 年 |
| 利息净收入 | | 493 522 | 443 335 | 477 411 | 429 712 |
| 利息收入 | 32 | 849 879 | 767 111 | 816 268 | 740 331 |
| 利息支出 | 32 | (356 357) | (323 776) | (338 857) | (310 619) |
| 手续费及佣金净收入 | | 132 497 | 122 326 | 127 935 | 117 712 |
| 手续费及佣金收入 | 33 | 146 678 | 134 550 | 140 095 | 128 449 |
| 手续费及佣金支出 | 33 | (14 181) | (12 224) | (12 160) | (10 737) |
| 投资收益 | 34 | 4 920 | 3 078 | 4 261 | 2 279 |
| 其中：对联营及合营 | | | | | |
| 企业的投资 | | | | | |
| 收益 | | 2 157 | 2 097 | 2 054 | 1 993 |
| 公允价值变动 | | | | | |
| 净收益/（损失） | 35 | 680 | (151) | 469 | (236) |
| 汇兑及汇率产品净收益 | 36 | 3 673 | 6 593 | 2 517 | 5 937 |
| 其他业务收入 | 37 | 23 600 | 14 456 | 2 325 | 1 275 |
| 营业收入 | | 658 892 | 589 637 | 614 918 | 556 679 |
| 营业税金及附加 | 38 | (41 351) | (37 441) | (40 958) | (36 982) |
| 业务及管理费 | 39 | (176 261) | (165 280) | (164 297) | (155 540) |
| 资产减值损失 | 40 | (56 729) | (38 321) | (55 275) | (36 040) |
| 其他业务成本 | 41 | (24 939) | (11 549) | (10 073) | (2 284) |
| 营业支出 | | (299 280) | (252 591) | (270 603) | (230 846) |
| 营业利润 | | 359 612 | 337 046 | 344 315 | 325 833 |
| 加：营业外收入 | | 3 062 | 2 910 | 2 748 | 2 328 |
| 减：营业外支出 | | (1 062) | (1 419) | (1 055) | (1 296) |
| 税前利润 | | 361 612 | 338 537 | 346 008 | 326 865 |
| 减：所得税费用 | 42 | (85 326) | (75 572) | (81 780) | (73 043) |
| 净利润 | | 276 286 | 262 965 | 264 228 | 253 822 |
| 其他综合收益的税后净额 | 44 | 32 567 | (36 629) | 30 659 | (32 238) |
| 综合收益总额 | | 308 853 | 226 336 | 294 887 | 221 584 |

附表 5

## 中国工商银行股份有限公司
## 合并现金流量表和现金流量表

2014 年度

（除特别注明外，金额单位均为人民币百万元）

| | 本集团 | | 本行 | |
|---|---|---|---|---|
| | 2014 年 | 2013 年 | 2014 年 | 2013 年 |
| 一、经营活动现金流量： | | | | |
| 客户存款净额 | 920 197 | 994 119 | 815 679 | 907 940 |
| 同业及其他金融机构存放款项净额 | 236 491 | — | 212 430 | — |
| 拆入资金净额 | 23 920 | 154 123 | 55 | 111 063 |
| 存放同业及其他金融机构款项净额 | 74 283 | 47 599 | 100 133 | 17 417 |
| 拆出资金净额 | — | 33 743 | — | — |
| 买入返售款项净额 | — | 5 443 | — | 1 932 |
| 卖出回购款项净额 | 81 653 | 61 540 | 97 964 | 56 441 |
| 指定为以公允价值计量且其变动计入当期损益的金融资产净额 | 35 022 | — | 36 675 | — |
| 以公允价值计量且其变动计入当期损益的金融负债款项净额 | 33 136 | 234 583 | 33 816 | 233 735 |
| 存款证净额 | 43 147 | 94 351 | 35 917 | 82 466 |
| 收取的以公允价值计量且其变动计入当期损益的金融资产投资收益 | 960 | 358 | 841 | 259 |
| 收取的利息、手续费及佣金的现金 | 983 475 | 891 079 | 943 898 | 858 660 |
| 处置抵债资产收到的现金 | 641 | 872 | 330 | 660 |
| 收到的其他与经营活动有关的现金 | 27 783 | 32 813 | 11 968 | 18 167 |
| 经营活动现金流入小计 | 2 460 708 | 2 550 623 | 2 289 706 | 2 288 740 |
| 客户贷款及垫款净额 | (1 121 840) | (1 159 539) | (1 057 248) | (1 050 997) |
| 向中央银行借款净额 | (93) | (409) | (192) | (240) |
| 同业及其他金融机构存放款项净额 | — | (361 808) | — | (353 549) |
| 存放中央银行款项净额 | (223 291) | (319 010) | (201 490) | (317 024) |
| 拆出资金净额 | (71 214) | — | (5 859) | (73 580) |
| 买入返售款项净额 | (173 890) | — | (122 273) | — |
| 为交易而持有的金融资产净额 | (6 047) | (7 804) | (5 094) | (9 666) |
| 指定以公允价值计量且其变动计入当期损益的金融资产净额 | — | (142 720) | — | (142 809) |
| 支付的利息、手续费及佣金的现金 | (329 411) | (277 232) | (312 399) | (264 364) |
| 支付给职工以及为职工支付的现金 | (108 403) | (103 936) | (103 369) | (99 286) |
| 支付的各项税费 | (131 392) | (114 256) | (126 168) | (110 379) |
| 支付的其他与经营活动有关的现金 | (93 670) | (65 856) | (112 610) | (56 426) |
| 经营活动现金流出小计 | (2 259 251) | (2 552 570) | (2 046 702) | (2 478 320) |
| 经营活动产生的现金流量净额 | 201 457 | (1 947) | 243 004 | (189 580) |

附表 6

## 中国工商银行股份有限公司
## 合并现金流量表和现金流量表

2014 年度

（除特别注明外，金额单位均为人民币百万元）

| | 本集团 | | 本行 | |
|---|---|---|---|---|
| | 2014 年 | 2013 年 | 2014 年 | 2013 年 |
| 二、投资活动现金流量： | | | | |
| 收回投资收到的现金 | 1 011 771 | 1 117 779 | 912 828 | 1 065 400 |
| 分配股利及红利所收到的现金 | 1 145 | 653 | 1 058 | 737 |
| 处置联营及合营企业 | | | | |
| 所收到的现金 | — | 493 | — | — |
| 处置固定资产、无形资产和 | | | | |
| 其他长期资产（不含抵债资产） | | | | |
| 收回的现金 | 3 802 | 1 088 | 3 800 | 1 074 |
| 投资活动现金流入小计 | 1 016 718 | 1 120 013 | 917 686 | 1 067 211 |
| 投资支付的现金 | （1 109 178） | （1 239 747） | （964 595） | （1 154 730） |
| 投资联营及合营企业 | | | | |
| 所支付的现金 | （324） | — | — | — |
| 取得子公司所支付的现金净额 | — | — | （6 900） | （4 332） |
| 购建固定资产、无形资产和 | | | | |
| 其他长期资产支付的现金 | （44 623） | （32 485） | （12 320） | （13 003） |
| 增加在建工程所支付的现金 | （9 334） | （11 942） | （8 897） | （9 295） |
| 投资活动现金流出小计 | （1 163 459） | （1 284 174） | （992 712） | （1 181 360） |
| 投资活动产生的现金 | | | | |
| 流量净额 | （146 741） | （164 161） | （75 026） | （114 149） |

附表 7

## 中国工商银行股份有限公司
## 合并现金流量表和现金流量表

2014 年度

（除特别注明外，金额单位均为人民币百万元）

| | 本集团 | | 本行 | |
|---|---|---|---|---|
| | 2014 年 | 2013 年 | 2014 年 | 2013 年 |
| 三、筹资活动现金流量： | | | | |
| 吸收少数股东投资所收到的现金 | 1 393 | 955 | — | — |
| 发行优先股所收到的现金 | 34 549 | — | 34 549 | — |
| 发行债务证券所收到的现金 | 95 554 | 44 367 | 66 316 | 22 681 |
| 筹资活动现金流入小计 | 131 496 | 45 322 | 100 865 | 22 681 |
| 支付债务证券利息 | (11 278) | (10 074) | (10 074) | (9 286) |
| 偿还其他债务证券所支付的现金 | (54 594) | (17 084) | (36 202) | (10 433) |
| 取得少数股东股权所支付的现金 | — | (17) | — | — |
| 分配普通股股利所支付的现金 | (91 960) | (83 565) | (91 960) | (83 565) |
| 向少数股东分配股利所支付的现金 | (8) | (47) | — | — |
| 筹资活动现金流出小计 | (157 840) | (110 787) | (138 236) | (103 284) |
| 筹资活动产生的现金流量净额 | (26 344) | (65 465) | (37 371) | (80 603) |
| 四、汇率变动对现金及现金等价物的影响 | 8 490 | (12 672) | 3 453 | (5 221) |
| 五、现金及现金等价物净变动额 | 36 862 | (244 245) | 134 060 | (389 553) |
| 加：年初现金及现金等价物余额 | 957 402 | 1 201 647 | 655 555 | 1 045 108 |
| 六、年末现金及现金等价物 | | | | |
| 余额（附注四、46） | 994 264 | 957 402 | 789 615 | 655 555 |

# 第六章

# 经济资本计量与分析

当今金融市场瞬息万变，竞争日趋激烈，银行比以往任何时刻都需要更清晰地了解自身面临的风险状况和盈利前景。近些年来，银行界逐渐开发形成了一种新的风险管理手段——经济资本（Economic Capital）。通过经济资本系统，银行可以较为准确地量化其面临的风险，同时还可计量出抵御风险所需的资本量及其盈利状况。因此，经济资本系统成为很多银行尤其是上市银行管理技术的核心。

## 第一节　经济资本计量

### 一、经济资本概念和内涵

商业银行既是风险承担者又是风险经营者和管理者，资本对于商业银行而言具有特殊的意义。根据巴塞尔委员会的定义，银行资本的核心作用在于其能够自由支配并且可以承担未来的非预期损失。银行资本可以分为账面资本、监管资本和经济资本三类。

经济资本是基于银行全部风险之上的资本，是银行根据内部风险管理需要，运用内部模型和方法计算出来的，用以应对银行非预期损失所需要持有的资本。经济资本是银行根据自身的风险状况认定的应该合理持有的资本，也是用来承担非预期损失和保持正常经营所需的资本。因此，本质上，经济资本是商业银行为了抵御其在经营活动中所面临的非预期损失而需要的资本总额，是因管理、回报要求而产生的，是根据银行自身承担的实际风险计算出来的一种“虚拟资本”。

经济资本不同于银行的账面资本。账面资本是按照会计准则，在商业银行的资产负债表中所有者权益部分。账面资本是银行持股人的永久性资本投入，主要包括实收资本、资本公积、盈余公积和未偿付利润等，它反映了银行实际拥有的资本水平，是银行资本金的静态反映。

经济资本也不同于银行的监管资本。监管资本是监管者根据巴赛尔资本协议要求银行拥有的最低资本，包括核心资本和附属资本，并扣除商誉、对附属银行和金融机构的投资等。最低资本是监管当局的规定，所以必须是明确和可以实施的，其计算方法和范围是由监管当局事先确定的。监管资本必须与银行所承担的总体风险水平相匹配。

概括地讲，经济资本与账面资本和监管资本的区别主要在于：首先，经济资本是一种虚拟资本，银行没有必要持有相当资本额，而另外两种资本是银行实际拥有的资本；其次，经济资本反映的是银行内部的实际风险，并预示未来风险损失的资本需求，账面资本不直接与银行实际承担的风险挂钩，而监管资本映射的是行业整体的风险水平；再次，账面资本是银行资本的一种静态反映，监管资本是根据行业风险现状提出的动态资本需要，而经济资本的计量则需要预测银行自身未来的损失，更具有前瞻性；最后，在计量方面，账面资本一般依据会计准则从银行资产负债表中体现，以资本充足率为代表的监管资本通常是利用银行持有的资本与其资产或经调整后的资产来测算，而经济资本的计量不考虑银行的资产水平，是对未来特定期限内可能产生损失的一个概率估计，与银行的容忍度和风险值挂钩。

当然，从风险角度考虑，经济资本与另外两种资本之间也存在一定的数量关系。首先，账面资本应该不小于经济资本，因为经济资本反映银行实际风险量，账面资本承担着这部分风险损失的清偿任务，如果经济资本大于账面资本，多余的损失将无法被覆盖，银行也可能会面临破产。其次，监管资本通常等于权益资本与债务性资本工具的数量总和，因此数量上监管资本一般大于权益资本。监管资本与经济资本暂无明确的数量关系，监管资本是法规对银行的最低资本要求，巴塞尔协议鼓励银行持有比监管资本更多的经济资本，因此理论界和金融业对经济资本与监管资本量孰高孰低仍有争议。一般来说，监管资本不小于经济资本，经济资本是银行内部管理者对风险的辨识，一般会考虑利用资产组合来分散风险，而监管资本是外部监管部门对行业的判断，容易忽略风险管理工具的作用以至于过高估计银行的资本需要。

## 二、经济资本计量基础

经济资本的计量是在给定置信水平和期限下，在明确风险及其分布的基础上，计算出来的非预期损失，所以，计量经济资本前需要先对银行风险进行量化。

风险是未来发生损失的可能性大小，而损失具有不确定性，测量风险前就需先了解风险的概率分布特征，然后确定平均损失值和一定条件下的最大损失值。假如风险服从正态分布，那么损失的平均值和最大损失值即可通过正态分布的均值和标准差两个参数来确定，正态分布的均值等于损失的平均值，而最大损失值等于标准差的若干倍，倍数取决于所选取置信水平。银行在经营过程中面临的损失主要有三种：预期损失、非预期损失及灾难性损失，如图 6 -1 所示。

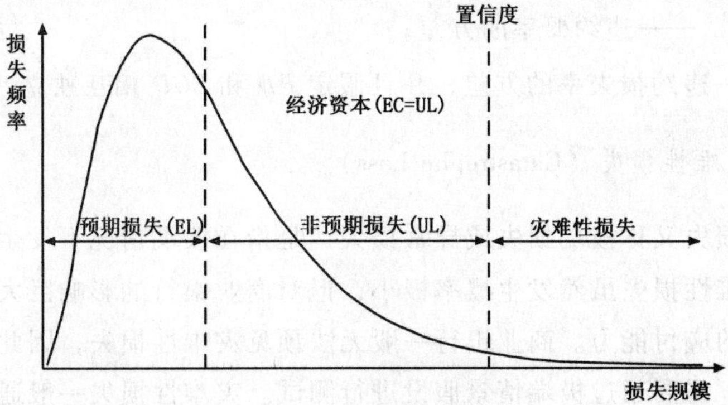


**图 6 -1　银行损失分布**

### （一）预期损失（Expected Loss，*EL*）

预期损失是银行利用自身的风险计量工具和技术预计的未来一定期限内可能发生的损失值，可看成预计损失的平均值。对于预期损失，银行通常将其计入资产的价格之中或计提一定的准备来进行弥补。预期损失的计算公式一般为：

$$EL = EAD \times PD \times LGD$$

每笔贷款的预期损失由 $EAD$（风险暴露，Exposure at Default）、$PD$（违约概率，Probability of Default）与 $LGD$（违约损失，loss Given Default）三个参数综合决定，通常用三者的乘积表达。预期损失并非风险，因为银行必须留存价值与预期损失相当的贷款损失准备金以避免破产。

### （二）非预期损失（Unexpected Loss，$UL$）

非预期损失是银行在正常经营情况下遭受的超出预期损失的那部分损失，反映了银行真正的风险所在，这部分损失存在较强的不确定性，银行难以通过提取准备金等方式进行经营成本管理，一般匹配相应数量的资本来进行弥补，这部分资本就是经济资本。经济资本在数量上等于非预期资本，具体数额取决于银行的置信水平。

非预期损失也被看成是围绕预期损失的波动值，由于 $EAD$、$PD$ 与 $LGD$ 这三个影响非预期损失的因素都是波动的，因此非预期损失可以用如下计算公式表示：

$$UL = EAD \times \sqrt{PD \times \sigma_{LGD}^2 + LGD^2 \times \sigma_{PD}^2}$$

其中，$\sigma_{PD}^2$ ——违约概率的方差；

$\sigma_{LGD}^2$ ——违约损失率的方差，并且假定 $PD$ 和 $LGD$ 相互独立。

### （三）灾难性损失（Catastrophe Loss）

灾难性损失又称极端损失或异常损失，是指在极端情况下发生的小概率损失情况。灾难性损失虽然发生概率极小，但对商业银行的影响巨大，往往会超出商业银行的应付能力。商业银行一般无法预见灾难性损失，因此很难对它作出充分准备，需要通过极端情景假设进行测试。灾难性损失一般通过保险转移或者由政府资助解决。

## 三、非预期损失与经济资本的关系——资本乘数

当损失分布和置信水平给定的情况下，资本乘数是一个常数，资产组合中任何一笔资产或资产池的经济资本可以用资本乘数表示其与 $UL$ 的关系，具体如下：

$$EC = CM \times UL$$

$CM$ 为资本乘数，$CM$ 定义为：$CM = \frac{EC}{UL}$

## 四、经济资本计量的五要素

因为经济资本的值是由银行面临风险中的非预期损失决定的，所以影响非预期损失波动的风险计量要素也就是经济资本计量的要素。

### （一）置信水平（Confidence Level）

置信水平取决于银行的风险偏好，也就是银行基于宏观战略而愿意接受的风险程度，一般由银行最高决策层确定。如果银行经营相对保守，则其制定的置信水平就高，为缓冲风险的经济资本也越多。银行损失分布多呈现偏峰厚尾分布，导致置信水平的变化与经济资本的增长不是成比例变化，置信水平若增加一个百分点，经济资本的增长将呈几何倍数增加。因此，置信水平是经济资本计量的重要因素。

### （二）违约概率 PD

违约概率指债务人未来违约的可能性大小，它的计算一般是利用具有风险属性类似（如客户评级相同）的债务人的违约历史记录来计算违约的比率，然后估计类似债务人未来违约的概率。

### （三）违约损失率 LGD

违约损失率等于债务人违约造成的损失金额与违约前总的风险头寸之比，反映了债权人遭受损失的严重程度，其大小取决于抵押品的类型等因素。

### （四）违约风险暴露 EAD

违约风险暴露也称风险敞口，指风险计量中债项的违约风险暴露。银行的违约风险暴露一般按照巴塞尔协议规定的折扣系数确定。

### （五）相关性 $\rho_{ij}$

银行一般会利用资产组合来分散风险，考虑到组合效应，银行资产之间存在一定的相关性，即当一项资产或资产池发生损失或获得收益时，另一项资产或资产池也会受到影响。银行资产风险之间的相关系数越高，资产之间发生风险传染的可能性越大，用来覆盖和抵御这些非预期损失的经济资本就越多，反之，则越少。

### 五、经济资本计量的基本步骤

结合经济资本计量的五个要素，经济资本计量的具体步骤可以归纳如下：

#### （一）确定经济资本的汇总结构

经济资本的汇总结构决定了经济资本计量的层级和汇总的顺序。经济资本的汇总结构与银行的管理结构是相匹配的，并与银行的计量技术与数据质量有关。国际大银行是以条线为主、区域为辅的矩阵管理结构，所以经济资本的汇总也按照条线进行汇总，即先对不同类型资产的经济资本进行计量，再计算全部产品对应的总量经济资本。对于不同风险类型的经济资本，可以按照先对单个产品下的各类风险的经济资本汇总，再对不同产品的经济资本进行汇总；也可以先计算该类风险的经济资本，再汇总各类风险的经济资本。

#### （二）预测经济资本计量对象的损失分布

经济资本的计算本质上是估计资产组合的损失分布。对于不同的风险类型，有不同的风险损失估计方法。

#### （三）经济资本的汇总

按照第 1 步确定的经济资本的汇总结构，将不同对象的资本进行汇总，得到全行或者某个统计范围内全部经济资本数额。汇总工作的重点在于资产组合相关性的估计，并且需要考虑产品内部不同地域资产组合的相关性，不同产品间的相关性，不同风险类型的相关性。考虑相关性因素计量的资产组合的经济资本将小于单个资产计量的经济资本之和。

#### （四）经济资本的分配

对于银行来说，只需要满足银行整体投资组合的经济资本，而不是每笔资产的经济资本。所以，我们需要再将银行整体投资组合的经济资本，分配到单个产品或者每笔业务中。

分解思路如下：

$UL_i$ 代表第 $i$ 种资产的非期望损失，第 $i$ 与第 $j$ 种资产的相关系数为 $\rho_{ij}$ ，对

于投资组合（$P$）的非期望损失（$UL_P$），可以写成

$$UL_P^2 = \sum_{i=1}^{N}\sum_{j=1}^{N}\rho_{i,j}UL_iUL_j = \sum_{i=1}^{N}UL_i\sum_{j=1}^{N}\rho_{i,j}UL_j$$

变形得到：

$$UL_P = \sum_{i=1}^{N}UL_i\frac{\sum_{j=1}^{N}\rho_{i,j}UL_j}{UL_P} = \sum_{i=1}^{N}ULC_i$$

进一步可以写成：

$$ECC_i = EC_P\frac{ULC_i}{UL_P}$$

$\frac{ULC_i}{UL_P}$定义为经济资本的分解系数，表示该资产对整体资产组合经济资本的边际贡献。

经济资本的分配也可以用资本乘数来展开，表示为：

$$ECC_i = EC_P\frac{ULC_i}{UL_P} = ULC_i\frac{EC_P}{UL_P} = ULC_i \times CM$$

其中 $ULC_i = UL_i\frac{\sum_{j=1}^{N}\rho_{ij}UL_j}{UL_P}$ 为边际非预期损失，满足 $\sum_{i=1}^{N}ULC_i = UL_P$。

考虑经济资本的分配可以准确地评估单个资产实际承担的边际风险，有效地降低单个资产经济资本的分配数额，在经济资本计量中非常重要。

## 第二节
## 信用风险的经济资本计量

信用风险是指商业银行在信用活动中，由于存在不确定性而遭受损失的可能性。由于我国商业银行目前的主要资产是信贷资产，所以我国商业银行面临的主要风险是信用风险。因信用风险要比市场风险复杂得多，所以信用风险管理技术一直落后于市场风险管理技术。

如前所述，经济资本的计量在本质上是估计资产或资产组合的损失分布，估计信用资产损失分布的方法主要有经验分布法和数值法。所谓经验分布法就

是使用某个经验分布作为资产或资产组合的损失分布，数值法则通常是采用蒙特卡罗模拟技术来实现。

## 一、基于贝塔分布的经验分布法的经济资本计量

信用风险损失分布估计依赖于组合内各个资产的信用风险要素，主要是4个核心变量：违约概率（*PD*）；违约损失率（*LGD*）；违约风险暴露（*EAD*）；期限（*M*）。

### （一）信用损失函数

已知单个资产的 *EAD*、*PD* 和 *LGD*，便可以估计 *EL*：

$$EL = EAD \times PD \times LGD$$

并且可以进一步估计其 *UL*，由于 *UL* 等于信用风险损失的标准差，其计算公式为：

$$UL = EAD \times \sqrt{PD \times \delta_{LGD}^2 + LGD^2 \times \delta_{PD}^2}$$

其中，$\delta_{LGD}^2$ —— *LGD* 的方差；

$\delta_{PD}^2$ —— *PD* 的方差。

### （二）经济资本计量方法

因为贝塔分布取值在（0，1）之间，并且该分布能够对信用资产损失分布的肥尾性进行相对准确的描述，所以贝塔分布是选用较多的损失经验分布。另外，由于经验分布法对计量技术的要求较低，它的一些假设是基于业内多年的实践经验，因此，对于在技术、数据都不成熟的国内商业银行，经验分布法成为经济资本计量广受欢迎的一种方法。基于贝塔分布的经济资本计量的主要步骤如下：

（1）单个资产的 *EL* 和 *UL* 的计算。如前述，单个资产的 *EL* 和 *UL* 分别为：

$$EL = EAD \times PD \times LGD$$

$$UL = EAD \times \sqrt{PD \times \delta_{LGD}^2 + LGD^2 \times \delta_{PD}^2}$$

（2）资产组合的 *EL* 和 *UL* 的计算。资产组合的 *EL* 为单个资产的 *EL* 之和，即：

$$EL_P = \sum_i (EAD_i \times PD_i \times LGD_i)$$

对于资产组合的 *UL*，就需要估计不同贷款资产之间的违约相关系数 $\rho_{ij}$，

假设相关系数已知，则包含 $N$ 项资产的信用组合的非预期损失 $UL_P$ 为：

$$UL_P = \left[ \sum_i \sum_j \omega_i \omega_j \rho_{ij} UL_i UL_j \right]^{\frac{1}{2}}$$

（3）贝塔分布形式。贝塔分布的概率密度函数为：

$$f(x,\alpha,\beta) = \begin{cases} \dfrac{\Gamma(\alpha+\beta)}{\Gamma(\alpha)\cdot\Gamma(\beta)} x^{\alpha-1}(1-x)^{\beta-1}, 0 < x < 1 \\ 0 \end{cases}$$

贝塔分布的均值 $\mu$ 和方差 $\sigma^2$ 分别是：

$$\mu = \frac{\alpha}{\alpha+\beta}, \sigma^2 = \frac{\alpha\cdot\beta}{(\alpha+\beta)^2\cdot(\alpha+\beta+1)}$$

由上述两式，即可求出贝塔分布的参数 $\alpha$ 和 $\beta$，如下：

$$\alpha = \frac{\mu^2\cdot(1-\mu)}{\sigma^2} - \mu$$

$$\beta = \frac{1-\mu}{\mu}\cdot\alpha$$

其中，$\mu$ ——资产组合的 $EL$；

$\sigma$ ——资产组合的 $UL$。

将求出的 $EL$ 和 $UL$ 带入上式即可求出 $\alpha$ 和 $\beta$。

（4）计算经济资本。贝塔分布的参数 $\alpha$ 和 $\beta$ 求出后，就得出了资产组合的损失分布。在给定置信水平 $c$ 下，经济资本的数量就是给定贝塔分布的特定分位点减去预期损失，即：

$$EC = betainv(c,\alpha,\beta) - EL$$

这样就得到了资产组合的经济资本。

以上可以看出，经验分布法缺点也比较明显，由于经验分布法是对损失分布的估计基于一定的假设，并不是完全根据实际数据得到，所以必然存在一定的偏差。估计信用资产风险损失分布的另一方法是数值法。

## 二、基于蒙特卡罗模拟技术的经济资本计量

信用风险经济资本计量的数值法通常是采用蒙特卡罗模拟技术，对资产组合的联合违约情景进行模拟，得到资产组合可能的信用风险损失。随着模拟次数的增多，模拟出来的损失分布将逐渐接近于真实的损失分布。蒙特卡罗模拟之前需要对一些分布进行一定的假设。

基本假设如下：

设第 $i$ 笔资产的违约风险暴露为 $EAD_i$ 、违约概率为 $PD_i$ ，违约损失率为 $LGD_i$ 。

（1）假设只考虑违约风险，$LGD$ 的标准差为 0，则单笔资产的损失分布为二项分布，在末期资产处于违约与不违约两种信用状态，违约的损失为 $LGD$ 。

（2）假设只考虑违约风险，$LGD$ 的标准差存在，则单笔资产的损失分布由二项分布和 $LGD$ 分布共同决定，在末期资产处于违约与不违约两种信用状态，违约的损失符合一定分布（如贝塔分布）。

（3）假设考虑信用等级转移矩阵，且 $LGD$ 的标准差为0，则单笔资产的损失分布是由信用等级转移矩阵决定的离散分布，资产在末期可能处于一个违约状态和多个不违约状态，违约损失为 $LGD$ 。

（4）假设考虑信用等级转移矩阵，且 $LGD$ 的标准差存在，则单笔资产的损失分布是由信用等级转移矩阵决定的离散分布和 $LGD$ 分布共同决定，资产在末期可能处于一个违约状态和多个不违约状态，违约损失符合一定的分布（如贝塔分布）。

基本过程如下：

（1）选定需要模拟损失分布的资产组合。模拟的对象可以是整个投资组合，也可以是投资组合中合理抽取的一个样本。

（2）生产违约事件。首先用标准正态分布生成一组随机数字来拟合组合中所有债务人的资产价值。其次，对已知的违约相关性得到的相关矩阵进行分解，将资产价值的随机数字转换成一组相关的资产价值。再次，使用标准正态分布和已知的债务人的违约概率计算每个债务人的违约点。最后，对债务人的资产价值与其模拟出来的违约点进行对比，如果在债务人的资产价值低于模拟违约点，则认为违约事件发生。

如果有信用等级转移矩阵，则可以采用标准正态分布的分位点来模拟转移事件的发生。

（3）生产违约损失。如果发生违约，就进一步模拟一个随机数代表违约损失，该随机数服从已知的违约损失率 $LGD$ 的均值和标准差为特征的假设分布（如贝塔分布）。当 $LGD$ 的标准差为零时，该随机数固定为 $LGD$ 。这样违约的债务人损失为 $EAD \times LGD$ ，没有违约的债务人，损失则为零。资产组合中每个债务人所有损失的简单加和就是该资产组合的随机生成损失。如果存在信用等级转移矩阵，则需估计各信用等级下的价值损失。

（4）构建损失分布。在模拟的资产价值随机数下，按上面的方法可以得到与其相对应的资产组合损失值。重复前面的步骤达数万次，可以得到上万组资产价值与其对应的资产损失值，所有这些组合损失值构成的损失分布图就是资产组合的模拟损失分布。

（5）计算经济资本。有了损失分布，接下来就可以选取的通过置信水平下资产组合的经济资本。若第一步选定的是样本模拟，则将经济资本按 *EAD* 比例扩大，就能得到总体资产组合的经济资本。

## 第三节　市场风险的经济资本计量

市场风险是指因利率、汇率、股票价格和商品价格等市场价格的不利变动而使银行发生损失的风险。目前巴塞尔新资本协议鼓励商业银行采用自己的内部模型来管理市场风险。内部模型法是通过计算资产的风险价值（Value at Risk，*VaR*，有地方也译为在险价值）来度量市场风险的方法。风险价值（*VaR*）是指在一定置信水平下预期的最大损失。计算资产风险价值（*VaR*）的常用方法有协方差法、蒙特卡罗模拟法、历史模拟法等三种。

第四章已经介绍了风险价值（Value at Risk，*VaR*）的概念，指在一定的置信水平下，某项金融资产组合在未来特定的一段时间内的最大可能损失。在实际操作中，银行最想得到的是如下论断：我们有 $x\%$ 的可能性资产或资产组合在将来的 $N$ 天里损失不会超过 $V$ 元，即我们有 $x\%$ 的把握在将来的 $N$ 天里损失不会超过这个水平。这里指的就是资产或资产组合的 *VaR*。可以看出，理论上它是两个变量的函数：时间长度（$N$ 天）和置信度（$x\%$）。“1996 年巴塞尔修正案”中计算交易账册资本要求用 $N=1, x=99$ 的 *VaR* 度量，即评估 1 天期限内，发生的概率只有 1% 的损失。时间跨度超过 1 天的公式可以表示为：

$$N-dayVaR = 1-day\ VaR \times \sqrt{N}$$

### 一、历史模拟法

历史模拟法的程序是，首先，用给定历史时期内所观测到的市场因素收益率频率分布来表示未来市场因素的变化；其次，根据市场因素的未来价格水平对资产组合进行重新估值，计算出资产组合价值的变化；再次，将资产组合的收益从小到大排序，得到收益分布，通过给定置信水平下的分位数求得 $VaR$ 。

历史模拟法简单直观，只需要收集风险因素（市场变量）的历史数据序列，不需要构造复杂的数学模型便可计算。且该方法不依赖于对风险因素分布的任何假定，分布形式完全由历史数据决定，为非参数方法。

历史模拟法因为依赖历史数据，所以该方法使用前是基于这样的一个假定：风险因子的未来分布和历史分布完全一致，也就是说，这些数据中包含的市场事件在将来会重现。这个假定远强于统计模型中的“历史可以预测未来”的假设。另外，历史模拟法受限于数据的可得性，1 年的数据一般只有 200 多个左右的数据点，历史数据样本偏小将表现为风险因素收益分布会有很多缺口，但如果采用更长的数据，与未来分布的相似性就会很差。

## 二、蒙特卡罗模拟法

蒙特卡罗模拟法通过产生一系列同模拟对象具有相同统计特性的随机数据来模拟未来风险因素的变动情况，然后利用资产组合和风险因素的函数关系计算对应的资产组合，价值变化和价值变化分布从而求出 $VaR$ 。

假设我们有价值为 $p$ 的资产组合，它由 $n$ 项资产组成，第 $i$ 项资产的份额为 $a_i(1 \leqslant i \leqslant n)$ ，$\Delta x_i$ 为资产 $i$ 在 1 天之内的回报。蒙特卡罗模拟法的计算步骤如下：

（1）首先要找出影响资产组合的市场变量，这些市场变量我们称为风险因素，然后将投资组合的价值表示为风险因素的函数，利用当前的风险因素值，计算当前的资产组合价值。

（2）对风险因素的分布进行拟合。风险因素的分布可以是任何合理的分布。例如，从标准正态分布中抽取两个相关的样本 $\varepsilon_1$ 和 $\varepsilon_2$。方法是先从标准正态分布中抽取两个独立样本 $z_1$ 和 $z_2$ ，然后 $z_1$ 和 $z_2$ 的计算如下：$\varepsilon_1 = z_1$，$\varepsilon_2 = \rho z_1 + z_2\sqrt{1-\rho^2}$ ，其中 $\rho$ 是相关系数。

（3）根据 $\Delta x_i$ 的样本值，计算今天结束时的各个风险因素值。

（4）结合资产组合与风险因素的函数计算今天结束时的投资组合价值。

（5）第 4 步得到的资产组合价值减去第 1 步得到的资产组合价值，即可得到 $\Delta p$ 的样本值。

（6）反复重复第 2 步到第 5 步，则可以建立 $\Delta p$ 的概率分布。

可以看出，$VaR$ 就等于 $\Delta p$ 的概率分布中相应的分位点。

与历史模拟法相比，蒙特卡罗模拟法优点比较明显。首先，通过风险因素变化路径模拟，能够通过过去的情况反映未来的变动趋势，不同于历史模拟法的风险因素的未来分布和历史分布完全一致的假设。其次，蒙特卡罗法能够产生大量的历史上不存在的情景，比历史模拟法更可靠。

## 三、方差——协方差法

方差——协方差法是参数方法，在此通过例子来说明此方法的思想。我们定义 $\sigma_{year}$ 为某个资产的年波动率，$\sigma_{day}$ 为该资产的日波动率，假设每年有252个交易日，则有：$\sigma_{year} = \sigma_{day}\sqrt{252}$。考虑一个最简单的情形，假设某个资产组合只包括一种股票头寸，假设为100万元的A股份。我们的问题是99%置信度下10天的损失水平的上限是多少？首先，我们计算日 $VaR$。假设A股票的日波动率为2%，则该头寸的日变动的标准差为100万元 × 2% = 2万元。

在方差——协方差法中我们通常假设，考察的时间范围内，市场变量的预期变化为0。这种假设相对比较合理，因为一个市场变量的价格在短时间内的预期变化与这种变化的标准差通常很微小。

现在A股票价值在一天内变化的标准差为2万元，均值为0（上述假设）。假设变化服从正态分布。根据正态分布分位数与概率的对应关系，我们有，在1%的可能性下，损失会下降2.33个标准差以上。因此，这100万元A股票头寸的1天99%置信度的 $VaR$ 等于：

$$2.33 \times 20\,000 = 46\,600$$

10天99%的 $VaR$ 等于：

$$46\,600 \times \sqrt{10} = 147\,362$$

同理，如果该资产组合只包括另一种股票头寸，如50万元B股票头寸，假设波动率为1%，则该头寸日变动的标准差为：

$$500\,000 \times 0.01 = 5\,000$$

1天99%置信度的 $VaR$ 等于：

$$2.33 \times 5\,000 = 11\,650$$

10天99%的 $VaR$ 等于：

$$11\,650 \times \sqrt{10} = 36\,840$$

若考虑上述两种股票组成的资产组合：100万元的A股票和50万元B股票。这时，就要考虑这两种股票收益的相关系数。假设两种股票的收益服从相关系数为0.3的二维正态分布。因为 $\sigma_X = 20\,000$，$\sigma_Y = 5\,000$，可知 $\sigma_{X+Y} =$

$\sqrt{\sigma_X^2 + \sigma_Y^2 + 2\rho\sigma_X\sigma_Y}$。因此 1 天的资产组合价值变化的标准差为 $\sqrt{20\ 000^2 + 5\ 000^2 + 2 \times 0.3 \times 20\ 000 \times 5\ 000} = 22\ 022$。所以，1 天 99% 置信度的 *VaR* 等于：

$$2.33 \times 22\ 022 = 51\ 311$$

10 天 99% 的 *VaR* 等于：

$$51\ 311 \times \sqrt{10} = 162\ 259$$

总结上面的结果，我们有：A 股票 10 天 99% 的 *VaR* 等于 147 362 元；B 股票 10 天 99% 的 *VaR* 等于 36 840 元；A 和 B 组合 10 天 99% 的 *VaR* 等于 162 259元。差额为：

$$147\ 362 + 36\ 840 - 162\ 259 = 21\ 943$$

这里我们可以看出只要两项资产非完全相关，就可以分散部分风险。

如果上述例子资产组合中包含多项资产，则计算 VaR 将涉及更多的变量和参数，只有正确估计这些变量和参数，才能较准确的估计银行面临的市场风险。

### 四、基于 VaR 的经济资本计量

在市场风险管理中，因为一个市场变量的价格在短时间内的预期变化与变化的标准差非常微小，所以通常假设市场变量在考察的时间范围内的预期变化为 0。由于预期损失为 0，因此若 *VaR* 的风险容忍度和持有期限与经济资本一致，*VaR* 即等于市场风险所需的经济资本。

## 第四节 其他风险的经济资本计量

银行除了信用风险、市场风险等主要风险外，还面临一些其他类型的风险，比较常见的是操作风险，还有地区风险和战略风险等。本节我们主要讲解银行操作风险的经济资本。

操作风险不仅包含内部程序、员工、信息科技系统造成的损失，还包括外部事件造成的损失，与其他风险的差别主要在于操作风险不能带来收益，其广泛存在于银行的各个分支机构和各种业务中，具有普遍性。操作风险经济资本

的计量方法有很多种，目前用的较多的有内部计量法和损失分布法两种。

### 一、内部计量法

根据《巴塞尔新资本协议》，内部衡量法要针对银行 8 个业务部门，以及每个业务部门划分出的 7 个事故类型，共 56 个组合的操作风险进行定量分析。允许银行使用自己的内部数据来计算各组合的预期损失值，所需资本则由预期损失和非预期损失的关系来确定。假定预期损失和非预期损失之间呈线性关系，则所需经济资本为：

$$EC_{i,j} = \sum_i \sum_j \gamma_{i,j} EL_{i,j}$$

其中，$i$ ——业务部门；

$j$ ——事故类型；

$\gamma_{ij}$ ——将 $i$ 业务部门 $j$ 事故类型组合的预期损失 $EL_{i,j}$ 转化为资本的参数。

如果两者之间并不具有线性关系，则所需经济资本为：

$$EC_{i,j} = \sum_i \sum_j \lambda_{i,j} EL_{i,j} RPI_{i,j}$$

式中：$RPI_{i,j}$ ——风险特征指数；

$\lambda_{i,j}$ ——常数。

多数情况下，$EL$ 和 $UL$ 之间并不具有线性关系，此时可以用 $RPI_{i,j}$ 来调整。

### 二、损失分布法

损失分布法首先要描述 8 种业务和 7 种风险交叉组合成了 56 个组合类型的损失事件的频率分布和损失的强度分布，然后通过卷积函数、损失频率分布、损失强度分布，计算每一类损失的总损失分布，再加总 56 类损失得出总的操作风险的分布。

由于泊松分布中只有一个参数，容易通过极大似然估计计算出来，所以损失频率分布一般使用泊松分布。

泊松分布函数可以表示为：$P(x = k) = \frac{\lambda^k}{K!}e^{-k}$

描述损失强度分布很多，通常可以用具有厚尾特征的对数正态分布、伽马分布、广义帕累托分布，分布函数如下：

对数正态分布函数：$f(x,\mu,\sigma^2) = \frac{1}{x\sqrt{2\pi\sigma^2}}\exp(-\frac{\log x - \mu}{2\sigma^2})$

广义帕累托分布函数：$g(x \mid \xi,\mu,\sigma) = \begin{cases} \frac{1}{\sigma}(1+\xi\frac{x-\mu}{\sigma})^{-(1+\xi)/\xi}, \xi \neq 0 \\ \frac{1}{\sigma}\exp(-\frac{x-\mu}{\sigma}), \xi = 0 \end{cases}$

伽马分布函数：$\Gamma(x) = \int_0^{+\infty} t^{x-1}e^{-t}dt$

## 第五节 经济资本与全面风险管理

### 一、全面风险管理的内涵与框架

全面风险管理（The Enterprise - wide Risk Management，ERM），是指对整个银行内各个业务层次、各种类型风险（信用风险、市场风险、操作风险等）的通盘管理，对各类风险依据统一的标准进行测量并加总，并且依据全部业务的相关性对风险进行控制和管理。

2004 年 9 月，在普华永道的协助下，美国 COSO 首次提出了《企业全面风险管理框架》报告，将全面风险管理从理念发展到了实践操作层面。结合银行经营目标和组织结构，全面风险管理体系从整体框架上看有三个维度：第一维是银行的目标，即战略目标、经营目标、报告目标和合规目标；第二维是全面风险管理的八个模块；第三维是银行的各个层级，包括银行整体、各分支机构、各条业务线及所属子公司。全面风险管理体系三个维度的关系是：全面风险管理的八个模块都是为四个目标服务的，银行各个层次都要坚持同样的四个目标，每个层次都必须从以上八个模块方面进行风险管理。

COSO 认为，商业银行全面风险管理体系八个模块分别是风险管理环境、风险管理目标与政策设定、风险监测与识别、风险评估、风险定价与处置、内部控制、风险信息处理和报告、后评价和持续改进，各模块具体内容如下：

（1）风险管理环境。风险管理环境是全面风险管理的基础，内容包括银行价值取向、管理风格、风险管理组织结构、风险管理文化等。其中，风险管理文化是顶层，是全面风险管理的核心，它影响到风险管理的各个层面。

（2）风险管理目标与政策设定。银行要选定风险偏好和风险容忍度，制定明确统一的各种风险管理政策，以实现风险管理和银行目标的紧密结合。

（3）风险监测与识别。风险监测和识别包括通过贷后管理来监测和识别客户信用风险，跟踪国家宏观政策、行业状况、金融市场以及监管法规等有关情况识别市场风险和操作风险。对风险的识别是准确度量风险的前提，银行必须先对是否存在风险作出判断，才能对风险程度和大小进行分析，并在此基础上进行风险预警和处置。

（4）风险评估。《巴塞尔新资本协议》颁布之后，风险测度更偏重于风险的定量分析。银行应对各种风险类型进行评估，建立一体化的风险管理体系，使风险分析的结果能相互比较以便合理地在不同业务间配置经济资本。

（5）风险定价和处置。对于预期风险，可通过风险定价和适度拨备来抵御，对于非预期风险银行必须通过资本管理来提供保护，对于异常风险可采取保险等手段解决。银行可以通过各种措施和手段来降低各种类型风险。

（6）内部控制。银行应建立健全内部控制体系以防范操作风险，建立各种规章制度、程序方法对风险进行事前防范、事中控制、事后监督和纠正。

（7）风险信息处理和报告。银行要建立风险报告制度，对银行的风险现状进行汇总、分析、整理成报告，并建立这些过程信息的数据库，保持数据库及时更新。

（8）后评价和持续改进。银行风险管理部门应对全行规章制度、信贷管理流程、风险管理流程的执行情况进行后评价，并建立相应的授权调整、问责制度和问题跟踪、反馈、完善机制，确保风险管理体系的运行。

上述八个模块相互独立、相互联系又相互制约，共同构成了全面风险管理这一有机体系。

## 二、经济资本的运用

经济资本确定之后，经济资本管理中的数量约束力量便产生了。现代国际商业银行之所以较为普遍使用的管理参数是经济资本，其主要目的之一就是建立资本约束机制，即资本对资产扩张的约束，资本必须覆盖风险，资产不能脱离资本的约束盲目扩大。

## （一）RAROC

风险调整的资本回报率（Risk - Adjusted Return on Capital, *RAROC*）是经济资本应用的核心概念，计算公式为：*RAROC* = 经风险调整的收益/经济资本 =（收入 - 成本和费用 - 预期损失）/经济资本。经济资本是 *RAROC* 的分母。

下面通过一个简单例子来说明 *RAROC* 的计算过程，我们假定，有一个贷款组合，本金为1亿元，年息9%。该项贷款的经济资本估计为750万元（即贷款资产的7.5%），将这些资金投资于政府债券，年收益为6.5%。因此，需要吸收9250万元的存款，年利率为6%来为这笔贷款筹集资金。同时我们假定银行每年的运营成本为150万元，这个贷款组合的预期损失为每年1%（即100万元），则这项贷款的 *RAROC* 为：

$$RAROC = \frac{900 + 48.75 - 555 - 100 - 150}{750} = 19.17\%$$

其中，900万元为预期利息收入，48.75万元为资本投资债券的收入，555万元为利息支出，150万元为运营成本，100万元为预期损失。因此，此项贷款组合的 *RAROC* 为19.17%。

## （二）资本分配

经济资本的资本分配应用，表现为将 *RAROC* 与银行资本成本的基准收益率相比较，如果 *RAROC* > 基准收益率，则该项业务能够为银行创造价值，便可以开展此业务，银行资本则可以配置到该项业务中。基准收益率反映的是银行资本的成本。如果银行是上市公司，那么可以使用资本资产定价模型来计算基准收益率（$R_i$），计算公式为：

$$R_i = R_f + \beta_{iM}(R_M - R_f)$$

其中，$R_f$——无风险利率；

$R_M$——市场收益率；

$\beta_{iM}$——$\beta$ 系数，公式表示为：

$\beta_{iM} = \frac{\sigma_{iM}}{\sigma_M^2}$；

$\sigma_{iM}$ 为银行股权收益率与市场收益率的协方差；

$\sigma_M^2$——市场收益率的标准差。

如果一家银行是非上市公司，则可以参考同类上市银行的基准收益率来确定自己的基准收益率。

（三）绩效评估

银行的绩效评估常将绩效考核与个人收入直接挂钩。目前国内大多数银行都以年度经营计划的完成程度、利润额或者业务量来制定绩效考核。在这样的考核体系下，任何理性的分行都以扩大贷款规模为主要目标，规模的扩大会立刻反映在业务量和利润指标上，具有风险的贷款不一定体现在当期，往往表现在未来的不良率上，但那是未来的绩效问题。正是这种不合理的绩效考核激励了分行的短视行为，银行无法有效识别收益与风险业务，甚至会造成“劣币驱逐良币”的现象。而 *RAROC* 通过经济资本进行风险调整，再将各项因素分解到各个部门和各个产品中，从而从机制上引导业务单元和业务人员考虑收益与成本、市场与风险的关系。

结合我国国情，我们认为目前我国商业银行的重点应当是经济资本的计量，这是进一步应用 *RAROC* 和绩效评估的前提。*RAROC* 应作为我国商业银行管理的重要参数，并将其应用到资本分配和绩效考核方面，以提高我国商业银行的科学化管理水平，实现我国商业银行业的稳健经营。

# 第七章

# 商业银行竞争力的统计分析

## 第一节 商业银行竞争力

### 一、企业竞争力

企业竞争力是企业适应环境并得以持续健康发展的能力。由于一定市场内资源和需求的稀缺性，企业在生存和发展过程中，面临一系列的竞争，企业需根据自身的资源、能力和环境的变化，制定实施适当的目标和战略，通过高效的供应链管理、具有竞争优势的增值产品和服务，取得竞争优势和持续健康发展。企业与环境的适应性、与竞争对手的竞合关系以及自身的资源和能力等等因素决定企业竞争力的高下。根据经济环境、产业组织结构、企业资源优势和核心能力等不同的考察重点，学者们开发了很多描述、解释企业竞争力的模型和理论，主要的有国家钻石模型、竞争五力模型、企业价值链模型以及资源优势论、核心竞争力理论和竞争动力学理论。

(1) 一国的国内经济环境对企业开发的竞争优势有很大的影响，迈克尔·波特于1990年提出钻石模型，认为影响一个国家某一个行业国际竞争优势有以下六点：生产要素、需求状况、相关产业、企业策略结构或竞争对手、政府行为、机遇，这六个因素画在图上像一块钻石，所以称之为钻石模型（见图 7－1）。

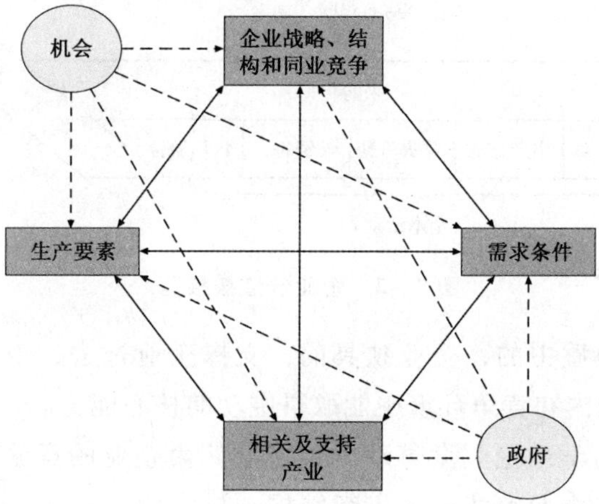


**图 7－1 钻石模型**

（2）产业组织、竞争五力模型。竞争五力模型由美国哈佛商学院的迈克尔·波特于 20 世纪 80 年代初提出。该理论认为，进入者威胁、替代者威胁、买方砍价能力、卖方砍价能力以及现有竞争对手的竞争决定了一个产业内部的竞争状态。

（3）企业价值链模型。由美国迈克尔·波特提出的“价值链分析法”，把企业内外价值增加的活动分为基本活动和支持性活动，基本活动涉及企业生产、销售、进料后勤、发货后勤、售后服务。支持性活动涉及人事、财务、计划、研究与开发、采购等，基本活动和支持性活动构成了企业的价值链（见图 7－2）。

（4）资源优势论。杰伊·巴尼和德文·克拉克撰写的《资源基础理论：创建并保持竞争优势》提出了一个与迈克尔·波特全然不同的分析框架，更多聚焦于企业的竞争力和能力，而非在特定市场中的定位。资源论的基本思想是把企业看成是资源的集合体，将目标集中在资源的特性和战略要素市场上，并以此来解释企业的可持续的优势和相互间的差异。

（5）核心竞争力理论。普拉哈拉德和哈默在 1990 年提出了“企业核心竞争力”的概念，认为核心竞争力是“组织中的积累性学识，特别是关于如何协调不同的生产技能和有机结合多种技术流派的学识”，是企业长时期形成

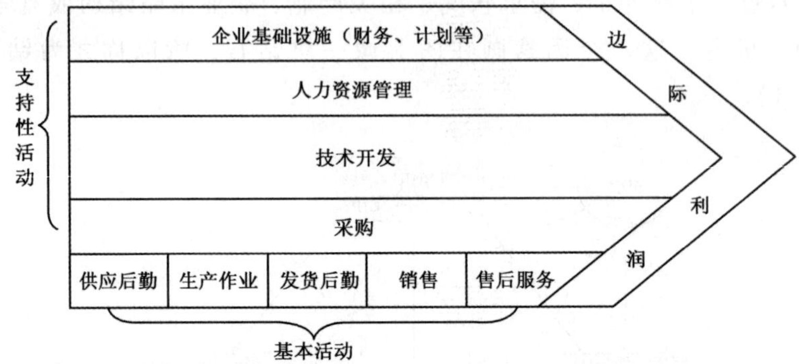


图 7-2 企业价值链模型

的、蕴含于企业内质中的，企业独具的，支撑企业过去、现在和未来竞争优势，并使企业长期内在竞争环境中能取得主动的核心能力。

(6) 竞争动力学理论。竞争动力学理论认为企业的竞争优势是由企业的质量（企业规模、企业家才能、组织结构、技术创新、产品质量等）和企业的竞争速度（战略决策速度、战略实施速度、市场反应速度等）来决定的。竞争动力学在确定企业内部资源和能力的基础上，动态地研究不同企业间的相互竞争作用。

综合以上企业竞争力模型和理论，企业竞争力是一个开放的动态复杂系统。其一，企业竞争力是在一定的市场环境下形成发展起来的，并与外部环境存在持续的互动关系；其二，企业竞争力是相对的概念，将竞争对手作为参照系；其三，企业竞争力是在创造客户、员工、股东等利益相关者满足的过程中形成的；其四，企业竞争力取决于多层次多方面的因素，是各种因素相互作用的结果，表现在企业经营的方方面面；其五，企业竞争力是系统动态演化的，目标指向为企业的健康可持续发展。

## 二、商业银行竞争力

商业银行是一种特殊的企业，同样，商业银行竞争力是个开放的动态复杂系统，是由产业环境要素、内部资源要素——资产要素和能力要素间的互动形成的，并最终外显为各时点上系统实力水平。商业银行根据外部环境的机会(O) 和威胁 (T) 以及内部资源能力的优势 (S) 和劣势 (W) 的不断匹配，动态地制定合适的竞争战略，通过组织结构、人力资源、IT 基础设施等内部营运措施的执行，持续地满足客户、员工、政府监管、股东、同行等利益相关者的需求，从而体现独具的竞争力。这个动态的系统可以由图 7－3 来模拟。

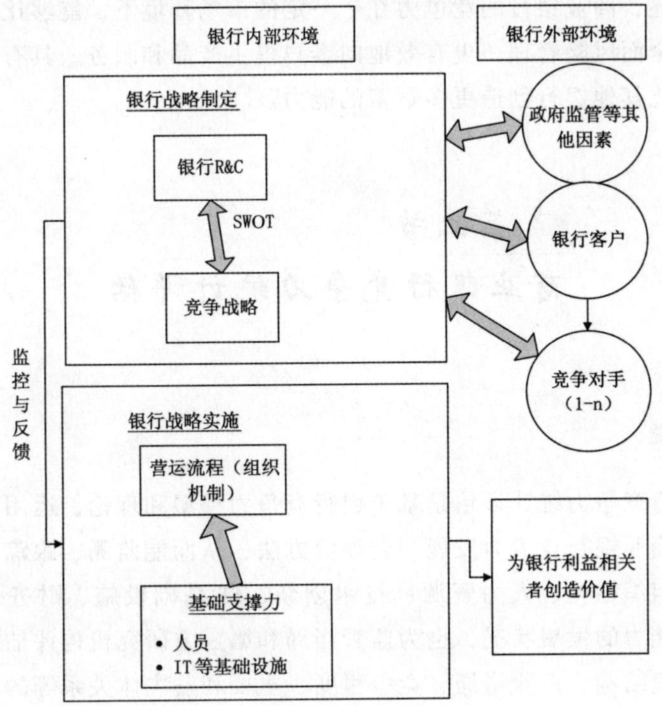


**图 7－3　商业银行竞争力模拟图**

区别于一般企业，商业银行竞争力具有一些特殊性，体现在：

（1）商业银行经营对象是具有一般价值的货币和货币资本；经营范围包括资金的借贷、收付以及货币和货币资本相关的金融服务；经营的目的是为工商企业顺利开展生产经营活动提供便利。

（2）商业银行通过中介地位、专门人才和完善技术手段，集聚散户小额资金、规模化和专业经营，降低市场交易成本、提高投资者资金的流动性、降低市场信息非对称性所导致的逆向选择和道德风险。

（3）商业银行处在经济活动的核心，具有高风险性，对银行业的监管向来是政府维持经济金融稳定繁荣的关键途径；对银行竞争力的评估，除了衡量其收益水平，同时还必须考虑风险因素。

（4）商业银行的竞争环境包括直接的客户、竞争对手、监管机构和社会公众，又由于其所处的经济核心地位，再加上全球化、信息化的推动，世界、国家和地区政治经济状况的方方面面和交互作用构成了商业银行竞争的外部环境。

综上所述，商业银行的竞争力在于一定的市场环境下，能够比竞争对手更有效地进行全面风险管理，更有效地向客户提供产品和服务，具有现实的、潜在的持续的比其他银行创造更多财富的能力。

## 第二节 商业银行竞争力统计评估

### 一、概说

商业银行竞争力统计评估是基于银行竞争力模型和理论，运用经济统计学的方法，为商业银行竞争力发展一套评价方法，从而能监测、跟踪商业银行的企业规模、组织结构、人力资源、技术创新、IT 基础设施、财务水平、风险管理等竞争能力的发展状况，也为监管当局和第三方研究机构评估、监管商业银行业的环境结构、产业格局、竞争程度、主要利益主体关系等的演化情况提供数据资料。国际上有影响力的商业银行竞争力统计评估方法有平衡计分卡、CPM/IFE 评估体系、骆驼体系评价法等。前两者为企业竞争力通用的评估方法，后者是针对商业银行企业特别开发的。当前国际上对商业银行评级考察的主要内容包括资本充足率及变化趋势、资产质量、存款结构及偿付保证、盈利状况、人力资源情况等五个方面，基本上未跳出美国、“骆驼”评级的框架。我国银行监管部门从 2001 年底开始研究商业银行风险评级问题，2004 年《股份制商业银行风险评级体系（暂行）》（下文简称“《评级体系》”）的出台借鉴了国际上成熟的骆驼评级体系，根据我国日常监管工作的实际，以资本充足性、资产安全性、管理严谨性、支付流动正常性和收益合理性作为判断的主要依据。《评级体系》建立的评级方法和操作步骤，能够全面、深入地评价商业银行的风险和经营状况。以下介绍平衡计分卡、CPM/IFE 评估体系、骆驼体系评价法和《评级体系》的统计评估方法。

### 二、平衡计分卡

平衡记分卡源自哈佛大学教授 Robert Kaplan 与诺朗顿研究院的执行长 David Norton 于 1990 年所从事的“未来组织绩效衡量方法”。当时该计划的目的，在于找出超越传统以财务量度为主的绩效评价模式，以使组织的“策略”能够转变为“行动”。经过将近 20 年的发展，平衡计分卡已经发展为企业竞争力的系统测量工具。

（一）评估内容

平衡计分卡强调，传统的财务会计模式只能衡量过去发生的事项（落后的结果因素），但无法评估企业前瞻性的投资（领先的驱动因素），因此，必须改用一个将组织的愿景转变为一组由四项观点组成的绩效指标架构来评价组织的绩效，此四项指标分别是：财务、客户、内部运营、学习与成长。此四项指标代表企业三个主要的利益相关者：股东、顾客、员工。每个角度的重要性取决于角度的本身和指标的选择是否与公司战略相一致。

1. 财务层面

财务业绩指标可以显示企业的战略及其实施和执行是否对改善企业盈利作出贡献。财务目标通常与获利能力有关，其衡量指标有营业收入、资本报酬率、经济增加值等，也可能是销售额的迅速提高或创造现金流量。

2. 客户层面

在平衡记分卡的客户层面，管理者确立了其业务单位将竞争的客户和市场，以及业务单位在这些目标客户和市场中的衡量指标。客户层面指标通常包括客户满意度、客户保持率、客户获得率、客户盈利率，以及在目标市场中所占的份额。客户层面使业务单位的管理者能够阐明客户和市场战略，从而创造出出色的财务回报。

3. 内部经营流程层面

在这一层面上，管理者要确认组织擅长的关键的内部流程，这些流程帮助业务单位提供价值主张，以吸引和留住目标细分市场的客户，并满足股东对卓越财务回报的期望。

4. 学习与成长流程层面

确立了企业要创造长期的成长和改善就必须建立的基础框架，确立了未来成功的关键因素。平衡记分卡的前三个层面一般会揭示企业的实际能力与实现突破性业绩所必需的能力之间的差距，为了弥补这个差距，企业必须投资于员工技术的再造、组织程序和日常工作的理顺，这些都是平衡记分卡学习与成长层面追求的目标。如员工满意度、员工保持率、员工培训和技能等，以及这些指标的驱动因素。

### （二）方法优势

藉着这四项指标的衡量，组织得以明确和严谨的手法来诠释其策略，它一方面保留传统上衡量过去绩效的财务指标，并且兼顾了促成财务目标的绩效因素的衡量；在支持组织追求业绩之余，也监督组织的行为应兼顾学习与成长的面向，并且透过一连串的互动因果关系，组织得以把产出和绩效驱动因素串联起来，以衡量指标与其量度作为语言，把组织的使命和策略转变为一套前后连贯的系统绩效评核量度，把复杂而笼统的概念转化为精确的目标，藉以寻求财务与非财务的衡量之间、短期与长期的目标之间、落后的与领先的指标之间、结果性指标与动因性指标之间，以及外部与内部绩效之间的平衡。

（1）财务指标和非财务指标的平衡，企业考核的一般是财务指标，而对非财务指标（客户、内部流程、学习与成长）的考核很少，即使有对非财务指标的考核，也只是定性的说明，缺乏量化的考核，缺乏系统性和全面性。

（2）企业的长期目标和短期目标的平衡。平衡计分卡是一套战略执行的管理系统，如果以系统的观点来看平衡计分卡的实施过程，则战略是输入，财务是输出。

（3）结果性指标与动因性指标之间的平衡。平衡计分卡以有效完成战略为动因，以可衡量的指标为目标管理的结果，寻求结果性指标与动因性指标之间的平衡。

（4）企业组织内部群体与外部群体的平衡。平衡计分卡中，股东与客户为外部群体，员工和内部业务流程是内部群体，平衡计分卡可以发挥在有效执行战略的过程中平衡这些群体间利益的重要性。

（5）领先指标与滞后指标之间的平衡。财务、客户、内部流程、学习与成长这四个方面包含了领先指标和滞后指标。财务指标就是一个滞后指标，它只能反映公司上一年度发生的情况，不能告诉企业如何改善业绩和可持续发展。而对于后三项领先指标的关注，使企业达到了领先指标和滞后指标之间的平衡。

## 三、CPM/IFE 评估体系

### （一）竞争态势矩阵

竞争态势矩阵（Competitive Profile Matrix，CPM 矩阵）用于确认企业的主

要竞争对手及相对于该企业的战略地位，以及主要竞争对手的特定优势与弱点。CPM 矩阵与 IFE 矩阵的权重和总加权分数的含义相同。编制矩阵的方法也一样。但是，CPM 矩阵中的因素包括外部和内部两个方面的问题，评分则表示优势和弱点。

1. 分析步骤

（1）确定行业竞争的关键因素；

（2）根据每个因素在该行业中成功经营的相对重要程度，确定每个因素的权重，权重和为 1；

（3）筛选出关键竞争对手，按每个因素对企业进行平分，分析各自的优势所在和优势大小；

（4）将各评价值与相应的权重相乘，得出竞争者各因素的加权评分值；

（5）加总得到企业的总加权分，在总体上判断企业的竞争力。

2. 矩阵实例

评分值含义：1 = 弱，2 = 次弱，3 = 次强，4 = 强

为了简化，这里仅包括五个因素，这比实际矩阵中的因素要少得多（见表 7 – 1）。

在这个实例中，财务状况被当作最为重要的关键因素。

表 7 – 1 竞争态势矩阵

| | | 被分析的公司 | | 竞争企业 | |
|---|---|---|---|---|---|
| 指标 | 权重 | 评分 | 加权分数 | 评分 | 加权分数 |
| 客服服务 | 0.05 | 2 | 0.1 | 4 | 0.2 |
| 组织结构 | 0.05 | 2 | 0.1 | 3 | 0.15 |
| 价格竞争力 | 0.05 | 3 | 0.15 | 2 | 0.1 |
| 管理经验 | 0.3 | 1 | 0.3 | 4 | 1.2 |
| 市场份额 | 0.3 | 2 | 0.6 | 3 | 0.9 |
| 产品价值 | 0.05 | 3 | 0.15 | 2 | 0.1 |
| 财务状况 | 0.1 | 2 | 0.2 | 3 | 0.3 |
| 顾客忠诚度 | 0.1 | 1 | 0.1 | 4 | 0.4 |
| 合计 | 1 | | 1.7 | | 3.35 |

## （二）内部因素评价矩阵

内部因素评价矩阵（Internal Factor Evaluation Matrix，IFE 矩阵），是一种对内部因素进行分析的工具。其做法是从优势和劣势两个方面找出影响企业未来发展的关键因素，根据各个因素影响程度的大小确定权数，再按企业对各关键因素的有效反应程度对各关键因素进行评分，最后算出企业的总加权分数。通过 IFE，企业就可以把自己面临的优势和劣势汇总，来刻画出企业的全部引力。

（1）列出在内部分析过程中确定的关键因素，采用 10～20 个内部因素，包括优势和弱点两方面的。首先列出优势，其次列出弱点。要尽可能具体，采用百分比、比率和比较数字。

（2）给每个因素以权重，其数值范围由 0.0（不重要）到 1.0（非常重要）。权重标志着各因素对企业在产业中成败的影响的相对大小，无论关键因素是内部优势还是弱点，对企业绩效有较大影响就应当得到较高的权重。所有权重之和等于 1.0。

（3）为各因素进行评分。1 分代表重要弱点；2 分代表次要弱点；3 分代表次要优势；4 分代表重要优势。值得注意的是，优势的评分必须为 4 或 3，弱点的评分必须是 1 或 2。评分以公司为基准，而权重则以产业为基准。

（4）用每个因素的权重乘以它的评分，即得到每个因素的加权分数。

（5）将所有因素的加权分数相加，得到企业的总加权分数。

## （三）CPM/IFE 区别与联系

### 1. 区别

CPM 中的关键因素更为笼统，它们不包括具体的或实际的数据，而且可能集中于内部问题；CPM 中的因素不像 IFE 中的那样划分为机会与威胁两类；在 CPM 中，竞争公司的评分和总加权分数可以与被分析公司的相应指标比较，这一比较分析可提供重要的内部战略信息（见表 7－2）。

**表 7－2　CPM /IFE 区别**

| | 涉及对象 | 关键因素层次 | 关键因素类别 |
|---|---|---|---|
| CPM | 企业自身和竞争对手 | 宏观，笼统 | 优势/劣势 |
| EFE | 企业自身 | 微观，具体 | 机会/威胁 |

2. 联系

无论 IFE 矩阵包含多少因素，总加权分数的范围都是从最低的 1.0 到最高的 4.0，平均分为 2.5。总加权分数大大低于 2.5 的企业内部状况处于弱势，而分数大大高于 2.5 的企业内部状况则处于强势。IFE 矩阵应包含 10 ~ 20 个关键因素，因素数不影响总加权分数的范围，因为权重总和永远等于 1。

## 四、骆驼评价体系

骆驼信用评级指标体系是美国金融管理当局对商业银行竞争力评价的一套规范化、制度化和指标化的综合评定体系。骆驼评级体系的特点是单项评分与整体评分相结合、定性分析与定量分析相结合，以评级风险管理能力为导向，充分考虑到银行的规模、复杂程度和风险层次，是最有效的评估银行竞争力的基础分析模型。骆驼评级方法，因其有效性，已被世界上大多数国家所采用。

### （一）骆驼评级体系的指标与方法

骆驼评级体系包括五项一级考核指标，即资本充足性（Capital Adequacy）、资产质量（Asset Quality）、管理水平（Management）、盈利水平（Earnings）和流动性（Liquidity），因其英文第一个字母组合在一起为“CAMEL”，正好与“骆驼”的英文名字相同，骆驼评级体系因此得名。

1. 资本充足性

主要考察资本充足率，即总资本与总资产之比，要求这一比率达到 6.5% ~7%。总资本包括基础资本和长期附属债务。基础资本包括股本金、盈余、未分配利润和呆账准备金。根据资本充足率水平给予相应评级，如资本状况评级表（见表 7 - 3）。

**表 7 - 3　资本状况评级表**

| 级别 | 评价 |
|---|---|
| 一 | 资本十分充足、高出平均水平，经营管理水平高，资产质量高，盈利好，不存在潜在风险 |
| 二 | 资本充足率高，高出平均水平，没有风险问题，业务发展稳健 |
| 三 | 资本充足率不高，低于平均水平，或不良贷款多，或近期大幅度扩展业务 |
| 四 | 资本明显不足，贷款问题多或业务发展过快，盈利不好 |
| 五 | 资本充足率在 3.5% 以下，风险资产比重过大 |

2. 资产质量

主要考察资产质量比率，用于衡量风险资产的数量、预期贷款的数量、呆账准备金充足性、管理人员素质、贷款集中程度以及贷款出现问题可能性，一般要求该比率低于15%。CAMEL按风险程度将全部贷款分为四类，即正常贷款、不合标准贷款、有疑问贷款和难以收回贷款。

资产质量比率=加权计算后的有问题贷款/基础资本，其中加权计算后的有问题贷款=不合标准贷款×20%+有问题贷款×50%+难以收回贷款×100%，根据资产质量比率给予相应资产质量评级，如资产质量评级表所示（见表7-4）。

**表7-4 资产质量评级表**

| 级别 | 资产质量比率 | 评价 |
|---|---|---|
| 一 | 5%以下 | 资产质量很高，风险很小 |
| 二 | 5%~15% | 资产质量较令人满意，管理水平较高 |
| 三 | 15%~30% | 资产质量不太令人满意，存在相当程度的问题 |
| 四 | 30%~50% | 贷款存在严惩问题，过分集中，管理水平较差 |
| 五 | 50%以上 | 资产质量极差，很可能在近期倒闭 |

3. 经营管理水平

主要考察银行业务政策、业务规划、管理者经历与经验及水平、职员培训情况等一些非定量因素，用于评估管理者的领导能力和员工素质、处理突发问题应变能力和董事会决策能力、内部技术控制系统的完善性和创新服务吸引顾客的能力。这方面的评级一般以令人满意或非常好等定性分析为标准，如管理水平评级表所示（见表7-5）。

**表7-5 管理水平评级表**

| 级别 | 评价 |
|---|---|
| 一 | 管理水平很高，人员素质很好，有能力解决问题，有预防性措施，不存在问题 |
| 二 | 管理上略有问题，但管理者可以解决，整个管理状况令人满意 |
| 三 | 管理潜伏一定程度的危机，管理水平不能解决现存的问题 |
| 四 | 管理水平差，管理者没有解决问题的能力 |
| 五 | 管理者素质较差，完全没有能力，应更换高层管理者 |

4. 收益状况

主要考察资产收益率，资产收益率=净收益/平均资产，衡量银行在过去一两年里的净收益情况。以资产收益率1%为标准，在1%以上为第一、二级，若该比率在0～1%之间为第三、四级，若该比率为负数则评为第五级，如收益状况评级表所示（见表7－6）。

表7－6　收益状况评级表

| 级别 | 评价 |
| --- | --- |
| 一 | 资产收益率在1%以上 |
| 二 | 资产收益率在1%左右 |
| 三 | 资产收益率在0～1%之间 |
| 四 | 资产收益率在0～1%之间，其他指标较弱 |
| 五 | 资产收益率为负数，出现经营性亏损 |

5. 流动性

主要考察银行存款的变动情况、银行对借入资金的依赖程度、可随时变现的流动资产数量、资产负债的管理和控制能力、借入资金的频率以及迅速筹措资金能力。流动性的评级标准如资产流动性评级表所示（见表7－7）。

表7－7　资产流动性评级表

| 级别 | 评价 |
| --- | --- |
| 一 | 流动性充足，而且还拥有随时筹资的渠道 |
| 二 | 流动性比较充足，但略低于第一级 |
| 三 | 流动性资金不足以完全满足该行的资金需要 |
| 四 | 流动性方面存在着相当大的问题 |
| 五 | 完全没有流动性，随时面临倒闭的危险 |

（二）骆驼体系的综合评级

综合评级即对CAMEL五个方面进行综合评级。综合评级的方法有两种：一种是简单认定，即将上述五个方面简单平均，得出最后级别；另一种是加权认定，即对上述五个方面分别给予不同的权数，加权平均，得出最后级别，如CAMEL综合评级表所示。如果综合评级很满意或比较满意的则为第一级或第二级，不太满意和不满意的分别为第三级、第四级，不合格的为第五级（见

表 7 - 8)。

**表 7 - 8　　CAMEL 综合评级表**

| 级别 | 评价 |
| --- | --- |
| 一 | 一流银行，能应付市场的任何变化，监管部门可以对此放心 |
| 二 | 稳健安全的银行，监管部门不需要特别关注 |
| 三 | 有实际问题的银行，监管部门应较多关注 |
| 四 | 有严重财务问题的银行，有倒闭危险，监管部门应尽快采取措施 |
| 五 | 近期内可能倒闭的银行，急需充实资本，并更换高层管理者 |

## 五、《评级体系》

《评级体系》主要是对银行经营要素的综合评价，包括资本充足状况评价、资产安全状况评价、管理状况评价、盈利状况评价、流动性状况评价和市场风险敏感性状况评价以及在此基础上加权汇总后的总体评价。目标是实现对股份制商业银行的持续监管、分类监管和风险预警，是从风险角度对商业银行竞争力的全面评价，兼顾了商业银行的静态风险和发展态势，对商业银行的风险状况和识别、监测、管理、控制风险的能力，开展定量分析和定性分析相结合的综合评估。

### (一) 资本充足状况

1. 定量指标 (60 分)

(1) 资本充足率 (30 分)。10% 以上：30 分；8% 至 10%：25 至 30 分；6% 至 8%：14 至 25 分；2% 至 6%：0 至 14 分；2% 以下：0 分。

(2) 核心资本充足率 (30 分)。6% 以上：30 分；4% 至 6%：25 至 30 分；2% 至 4%：10 至 25 分；1% 至 2%：0 至 10 分；1% 以下：0 分。

2. 定性因素 (40 分)

(1) 银行资本的构成和质量 (6 分)，主要考察银行资本构成的稳定性、市场价值及其流动性。

(2) 银行整体财务状况及其对资本的影响 (8 分)，主要分析银行财务状况对银行资本的影响。

(3) 资产质量及其对资本的影响 (8 分)，主要分析银行不良资产的状况对银行资本的影响。

（4）银行进入资本市场或通过其他渠道增加资本的能力，包括控股股东提供支持的意愿和实际注入资本的情况（8 分），主要考察银行通过外部融资解决资本问题的能力。

（5）银行对资本的管理情况（10 分），主要考察银行资本的管理政策。

（二）安全状况

1. 定量指标（60 分）

（1）不良贷款率（15 分）。5% 以下：15 分；10% 至 5%：12 分至 15 分；15% 至 10%：6 分至 12 分；25% 至 15%：0 分至 6 分；25% 以上：0 分。

（2）估计贷款损失率（10 分）。3% 以下：10 分；6% 至 3%：8 分至 10 分；9% 至 6%：6 分至 8 分；12% 至 9%：4 分至 6 分；15% 至 12%：0 分至 4 分；15% 以上：0 分。

（3）最大单一客户、集团客户授信比率（10 分）。

最大单一客户授信比率。6% 以下：10 分；10% 至 6%：8 分至 10 分；12% 至 10%：6 分至 8 分；14% 至 12%：4 分至 6 分；16% 至 14%：0 分至 4 分；16% 以上：0 分。

集团客户授信比率。15% 以下：10 分；25% 至 15%：8 分至 10 分；35% 至 25%：6 分至 8 分；45% 至 35%：4 分至 6 分；55% 至 45%：0 分至 4 分；55% 以上：0 分。

（4）拨备覆盖率（20 分）。100% 以上：20 分；70% 至 100%：14 分至 20 分；40% 至 70%：8 分至 14 分；15% 至 40%：0 分至 8 分；15% 以下：0 分。

（5）非信贷资产损失率（5 分）。2% 以下：5 分；4% 至 2%：4 分至 5 分；8% 至 4%：2 分至 4 分；10% 至 8%：0 分至 2 分；10% 以上：0 分。

2. 定性因素（40 分）

（1）不良贷款和其他不良资产的变动趋势及其对银行整体资产安全状况的影响（5 分），主要考察银行不良贷款总量和不良贷款率及其变化趋势。

（2）贷款行业集中度以及对银行资产安全状况的影响（5 分），主要考察银行贷款行业的集中程度。

（3）信贷风险管理的程序及有效性，是否建立完善的信贷决策程序和制度，包括贷款“三查”制度、风险管理制度和措施能否有效遏制不良贷款的发生（10 分），主要通过对银行不良贷款增量的原因分析，判断信贷风险管理的有效性。

(4) 贷款风险分类制度的健全性和有效性（10分），主要考察《贷款风险分类指导原则》的实施情况。

(5) 保证贷款和抵（质）押贷款及其管理状况（5分），主要考察银行保证贷款和抵（质）押贷款的合法性和有效性如何，还要分析银行抵（质）押品的流动性和价值稳定性及其对资产安全状况的影响。

(6) 非信贷资产风险管理状况（5分），主要考察银行识别、控制非信贷资产风险的能力。

### （三）管理状况

1. 公司治理的合理性和有效性（50分）

(1) 公司治理的基本结构（10分）；

(2) 公司治理的决策机制（10分）；

(3) 公司治理的执行机制（10分）；

(4) 公司治理的监督机制（10分）；

(5) 公司治理的激励约束机制及问责（10分）。

2. 内部控制状况（50分）

(1) 内部控制环境与内部控制文化（10分）；

(2) 风险识别与评估（10分）；

(3) 控制行为与职责分工（10分）；

(4) 信息交流与沟通（10分）；

(5) 监督与纠正（10分）。

### （四）盈利状况

1. 定量指标（60分）

(1) 资产利润率（15分）。1%以上：15分；0.75%至1%：12分至15分；0.5%至0.75%：9分至12分；0.25%至0.5%：6分至9分；0至0.25%：0至6分；0以下：0分。

(2) 资本利润率（15分）。20%以上：15分；15%至20%：12分至15分；10%至15%：9分至12分；5%至10%：6分至9分；0至5%：0分至6分；0以下：0分。

(3) 利息回收率（15分）。95%以上：15分；85%至95%：12分至15

分；75%至85%：9分至12分；65%至75%：6分至9分；55%至65%：0分至6分；55%以下：0分。

（4）资产费用率（15分）。0.75%以下：15分；1%至0.75%：12分至15分；1.25%至1%：9分至12分；1.5%至1.25%：6分至9分；1.75%至1.5%：3分至6分；2%至1.75%：0分至3分；2%以上：0分。

2. 定性因素（40分）

（1）银行的成本费用和收入状况以及盈利水平和趋势（15分），主要通过银行利润构成分析考察盈利水平和趋势，通过同业比较和历史比较分析判断银行收入的来源构成及其稳定性，分析影响银行收入来源的因素以及这些因素变化可能对银行盈利产生的影响。

（2）银行盈利的质量，以及银行盈利对业务发展与资产损失准备提取的影响（15分），主要分析银行是否严格按照监管机构的规定核算应收未收利息，是否足额提取应付未付利息，是否足额提取贷款损失准备及其他资产损失准备。

（3）财务预决算体系，财务管理的健全性和有效性（10分），主要分析银行是否制定本年度利润计划与预算；银行预决算体系是否健全；银行财务管理制度建设及其执行状况。

（五）流动性状况

1. 定量指标（60分）

（1）流动性比率（20分）。35%以上：20分；25%至35%：16分至20分；15%至25%：12分至16分；10%至15%：0分至12分；10%以下：0分

（2）人民币超额准备金比率（10分）。5%以上：10分；4%至5%：6分至10分；3%至4%：2分至6分；2%至3%：0分至2分；2%以下：0分

（3）外币备付金率（5分）。5%以上：5分；4%至5%：3分至5分；3%至4%：1分至3分；2%至3%：0分至1分；2%以下：0分

（4）存贷款比例（10分）。65%以下：10分；70%至65%：7分至10分；75%至70%：4分至7分；90%至75%：0分至4分；90%以上：0分。

（5）外币存贷款比例（5分）。70%以下：5分；80%至70%：3分至5分；90%至80%：1分至3分；100%至90%：0分至1分；100%以上：0分

（6）净拆借资金比率（10分）。-4%以下：10分；0至-4%：8分至10分；1%至0：6分至8分；3%至1%：0分至6分；3%以上：0分。

2. 定性因素（40 分）

（1）资金来源的构成、变化趋势和稳定性（5 分），主要分析银行存款的构成及其增减变化趋势，判断银行资金的稳定性。

（2）资产负债管理政策和资金的调配情况（5 分），主要分析银行流动性状况，银行资产与负债的期限是否匹配，银行资产负债管理政策是否合理。

（3）银行对流动性的管理情况（20 分），主要考察银行是否建立稳定的流动性管理体系，较好地控制流动性风险。

（4）银行以主动负债形式满足流动性需求的能力（5 分），主要考察银行在流动性不足时从外部获得资金的能力，重点分析银行通过同业拆入、证券回购、向中央银行再贷款、再贴现、从国际金融市场借入资金等方式满足流动性需求的能力。

（5）管理层有效识别、监测和调控银行头寸的能力（5 分），主要考察银行管理层是否能够及时获得关于银行头寸状况的信息；银行管理层对银行的头寸状况是否有清楚的认识；管理层是否对银行资金需求变动情况进行分析并及时作出决策。

### （六）市场风险

市场风险，指由于利率或价格发生变化而对金融机构财务状况产生的不利影响。市场风险主要包括利率风险、外汇风险、股本风险和商品风险。根据我国银行业现状，《评级体系》暂不对市场风险进行评级，但可以考察银行资产价值与盈利水平受利率政策与外汇价格变化的影响，作为评价盈利性和资产质量的参考。在评估市场风险时，监管人员应主要考虑以下因素：（1）金融机构盈利性或资产价值对利率、汇率、商品价格或产权反向变动的敏感程度；（2）银行董事会和高级管理层识别、衡量、监督和控制市场风险敞口的能力；（3）源自非交易性头寸利率风险敞口的性质和复杂程度；（4）源自交易性和境外业务市场风险敞口的性质和复杂程度。

### （七）银行评级

1. 单项运作要素的评价

对银行运作要素的评价标准为：评分 85 分以上为 1 级，评分 75 ~ 85 分为 2 级，评分 60 ~ 75 分为 3 级，评分 50 ~ 60 分为 4 级，评分 50 分以下为 5 级。

2. 综合评分标准

综合评级采用加权汇总评分法，即各要素评价分值乘以相应权重后相加，其总和为综合评分。各要素的权重分别为：资本充足状况 20%，资产安全状况 20%，管理状况 25%，盈利状况 20%，流动性状况 15%。暂不对市场风险因素进行量化评分。在取得各要素的评分后，将各要素评价分值乘以相应权重后相加，其总和为综合评分。

3. 综合评级等次

根据股份制商业银行的综合评分，对应取得股份制商业银行的综合评级等次。股份制商业银行的综合评级分为五级：

1 级——良好：综合评分在 85 分以上。

2 级——一般：综合评分在 75 分至 85 分之间。

3 级——关注：综合评分在 60 分至 75 分之间。

4 级——欠佳：综合评分在 50 分至 60 分之间。

5 级——差：综合评分在 50 分以下。

## 第三节　商业银行竞争力综合评价

综合评价是统计综合评价的简称，通过建立一个多层次多维度的统计指标体系，利用一定的模型和方法，对研究对象不同层次不同维度的特征进行综合分析，将多个指标转化为一个能够反映综合情况的指标来进行评价，从整体上作出定量的总体概括，进而揭示事物的本质及其发展规律。商业银行竞争力综合评价可以根据不同的目标开展，如衡量不同国家银行竞争力，或评估相同国家不同银行业态竞争力，或如城市商业银行等某种性质银行竞争力评价，或如针对某个大型银行竞争力的综合评价等。

就统计工作过程而言，综合评价是继统计调查、统计整理之后的统计分析中重要的一部分，是体现统计职能、发挥统计作用、实现统计价值的重要环节。目前综合评价的理论与方法仍有不够成熟的地方，理论与方法本身也存在一定的局限性。综合评价结果具有相对性，尽管采用了一定的数学模型，最终评价结果用数值来表达，但一般不具有统计指标的独立意义，只有相对意义，只能用于性质相同的对象之间的比较和排序。

（一）综合评价程序

通常统计综合评价具备以下一些一般的程序：

1. 明确评价目标

首先，必须明确评价对象，即明确要对什么进行综合评价，界定要评价对象的范围、了解评价对象的构成要素、数量特征和数量表现等属性特点及其他需要注意的问题。其次，必须确定评价的目的，明确评价结果用于什么用途，所指标体系的选用会因为不同的综合评价目的而有所不同。

2. 构建指标体系

根据评价目的及评价对象的多层次多维度属性，选择合适的统计指标，建立一个能够从不同层次、不同维度反映评价对象本质特征的评价指标体系。当然视乎综合评价项目的不同特点和需求，评价指标体系可以是单一层次，也可以是多层次的。该程序是整个综合评价工作的关键环节。

3. 确定指标权重

即确定不同层次维度指标的权数。由于各评价指标在整个评价指标体系中的作用是不一样的，对综合评价结果具有相对的重要性，通过评价指标权数的确定，对这种相对重要性赋予数量上的表现。一般来说，各评价指标的权数应该有所不同，权数的表现形式也多种多样。确定评价指标权重的方法有主观赋权法和客观赋权法两类。如果评价指标体系是单一层次的，则所有指标权数之和等于100%；如果是多层次的，则每层各部分权数之和等于100%。如何根据评价对象的特点，科学合理地确定各评价指标在整个评价指标体系中的作用，对评价结果的合理与否有着至关重要的影响。

4. 同度量处理

综合评价指标体系是由多层次多维度评价指标组成的，这些评价指标分别反映评价对象不同性质的侧面，计量单位通常不一样，必须解决不同指标的同度量问题。通过无量纲化处理，消除指标量纲的影响，使不同评价指标之间具有可比性，才能对评价对象作出综合评价。无量纲化处理是对评价指标数值进行标准化处理，通过一定的数学变换来消除原始指标量纲的影响，把性质、量纲各异的评价指标值转化为能够进行相互比较的相对数，通常称为评价值。

5. 确定评价方法和模型

在经过上述各项工作之后，还必须选择评价方法，建立一个综合评价模型，将经过无量纲化处理过的评价值植入模型，计算出综合评价结果。综合评价的方法很多，可以根据评价对象的属性特点来选择不同的方法，建立相应的评价模型，如综合评分法、综合指数法、功效系数法、层次分析法、模糊综合评价等。

6. 统计分析

综合评价结果是最终的综合指数及其相应的一套指数体系和。指数体系可以是由对应于评价指标体系层次结构划分的子子目标指数、子目标指数以及总目标指数所组成。根据指数体系可进行综合评价结果的统计分析，比较分析各评价对象总目标或子目标的评价结果指数，分析各自的优势、劣势、差距或不足，并据此深入分析、查找原因、提出改善的对策措施。

（二）指标体系确立原则

指标体系确立是整个综合评价工作的关键环节，一般需要遵循如下原则：

1. 全面动态性原则

企业与环境的适应性、与竞争对手的竞合关系以及自身的资源和能力等等因素决定商业银行竞争力水平，商业银行竞争力评价更是涉及多学科知识和方法。竞争力评价指标的选择要具备全面性。不仅要考虑内部因素评价，举凡资本充足性、资产质量、盈利水平、流动性和金融风险等财务指标，以及客户关系、内部运营、学习与成长等非财务管理水平指标。也要考虑外部因素评价，举凡企业的主要竞争对手及其战略地位、关键利益相关者、产业链态势等。构建的指标体系要有预见性，即不仅能够体现当前影响商业银行竞争力的各种因素，而且可以反映未来可能会影响其竞争力的因素。力争全面动态地涵盖商业银行竞争力的各构成要素，尽可能充分地反映商业银行生存与发展的方方面面，从而得到更贴近实际的分析结果，多角度反映竞争力评价的真实情况。

2. 系统层次性原则

竞争力评价指标体系是一个复杂的系统，涉及因素繁多且复杂，各因素之间相互影响、相互交织、相互作用，反映这种复杂系统的评价指标体系也要求具有系统性和层次性。其一，考虑到统计工作的复杂性，需要将复杂的评价系统划分为若干个相对独立的子系统，分别反映城市商业银行竞争力的各个层面。其二，运用评价指标进行分析时，评价指标要求具有可比性，指标数据的统计口径和来源同出一处，以保证同一指标在不同样本区间的可比性。其三，各评价指标组合不是简单的堆积，而是具有很强的系统逻辑关系。

3. 经济可行性原则

指标体系的设置要以理论基础为依据，同时基于综合评价项目的目标和预算要求，考虑所选取的指标体系的数据收集处理分析过程的经济可行性。一方面，评价指标体系不宜求全责备，应便于开展实际操作，并保证数据的合理性和真实性。另一方面，所设置的指标应是多年实践经验基础上的升华，在相对满足商业银行竞争力评价的科学内涵和外延情况下，应充分认识和善于利用评价对象本身的管理和数据基础。

### （三）综合评价方法

综合评价是通过数理统计方法，对一个复杂系统的多个指标信息进行加工、提炼，从而得到综合评价结果。随着科学的不断发展，模糊数学、管理科学、运筹学、数据挖掘等不同学科方法得以融汇，出现了数量繁多的综合评价方法。

#### 1. 综合指数法

按照编制总指数的基本形式，通过不同计量单位、性质的指标值标准化、指数化得到个体指数，对各项指标个体指数加权平均，最后转化成一个综合指数，用以综合评价的一种方法。综合指数值越大，综合评价越好，指标多少不限。该法原理简单，无需复杂的运算，易于操作。对数据的分布、指标的多少无严格要求，适用范围广。对原始数据进行相对化处理，消除了不同指标量纲的影响。但是由于权重作用较明显，易夸大权重大的因素和掩盖权重小的因素的作用。

#### 2. 主成分分析法

该方法是将多维度指标降维，转化为少数几个综合指标，后者能代表原多维指标大量信息的一种统计方法。步骤：对原始数据进行标准化变换，并求相关系数矩阵 $R_{m\times n}$ →求出 R 的特征根 $\lambda_i$ 及相应的标准正交化特征向量 $a_i$ →计算特征根 $\lambda_i$ 的信息贡献率，确定主成分的个数→ 将经过标准化后的样本指标值代入主成分，计算每个样本的主成分得分。

应用本法时，当指标数越多，且各指标间相关程度越密切，即相应的主成分个数越少，本法越优越；对于定性指标，应先进行定量化；当指标数较少时，可适当增加主成分个数，以提高分析精度。

采用主成分分析法进行综合评价有全面性、可比性、合理性、可行性等优点，但是也存在一些问题：如果对多个主成分进行加权综合，会降低评价函数区分的有效度，且该方法易受指标间信息重叠的影响。

3. 因子分析法

因子分析法的基本思想是通过对原始指标相关矩阵内部结构的研究，找出能控制所有指标少数几个不可观测的公因子（彼此之间不相关），每个指标可以近似表示成公因子的线性组合，以较少的公因子来代替多个指标从而达到简化分析的目的。同时根据不同因子以及进一步旋转，可以对指标进行较为科学和清晰的分类。根据变量间的相关性大小，把变量分组，使得同组内变量之间的相关性较高，但不同组内变量之间的相关性较低。每组变量代表一个基本结构，这个基本结构称为公共因子。设有 P 维随机向量 $X = X(X1, X2, \cdots, Xp)'$，其均值向量为 $\mu = (\mu 1, \mu 2, \cdots, \mu p)'$，协方差矩阵为 $\Sigma = (\sigma ij)\ p \times p$，可以设想这个 P 指标主要受到 m（$m \leq p$）个公共因子 F1，F2，…，Fm 的影响，且 Xi 是 F1，F2，…，Fm 的线性函数，即 Fi 对各指标的影响是线性的，则有因子模型：

$X1 = a11F1 + a12F2 +, \cdots, + a1mFm + \varepsilon 1$

$X2 = a21F1 + a22F2 +, \cdots, + a2mFm + \varepsilon 2$

……

$Xp = ap1F1 + ap2F2 +, \cdots, + apmFm + \varepsilon p$

简记为：$X = AF + \varepsilon$

其中 $F = (F1, F2, \cdots, Fm)'$ 为公共因子；

$\varepsilon = (\varepsilon 1, \varepsilon 2, \cdots \varepsilon m)'$ 为特殊因子；

F 与 $\varepsilon$ 均为不可观测的随机变量；

$A = (aij)\ p \times m$ 为因子载荷矩阵；

aij 称为第 j 个因子对第 i 个变量的载荷系数。

在模型中，特殊因子起着残差的作用，且他们彼此不相关且与公共因子也不相关。每个公共因子假定至少对 2 个变量有贡献，否则它将是一个特殊因子。

采用该方法所得的分析结果受到原始指标间相关程度均衡性的影响，且因为因子得分是估计值。

4. 层次分析加权法（AHP 法）

将评价目标分为若干层次的指标体系，造判断矩阵，求出其最大特征值。及其所对应的特征向量 W，归一化后，即为某一层次指标对于上一层次某相关指标的相对重要性权值，依照不同权重进行综合评价。AHP 法比较适合于具有分层交错评价指标的目标系统，而且目标值又难于定量描述的竞争力评价问题。根据分析系统中各因素之间的关系，确定层次结构，建立目标树图 → 建立两两比较的判断矩阵 → 确定相对权重→ 计算子目标权重 → 检验权重的一致性→ 计算各指标的组合权重→计算综合指数和排序。

该法通过建立目标树，可计算出合理的组合权重，最终得出综合指数，使评价直观可靠。该方法自然满足一致性要求，不需要进行一致性检验，与其他标度相比具有良好的判断传递性和标度值的合理性；其所需判断信息简单、直观，作出的判断精确，有利于决策者在两两比较判断中提高准确性。

5. 模糊综合评判法

应用模糊关系合成的特性，从多个指标对被评价事物隶属等级状况进行综合性评判的一种方法，它把被评价事物的变化区间作出划分，又对事物属于各个等级的程度作出分析，使得描述更加深入和客观。步骤：确定评价事物的因素论域→选定评语等级论域→建立模糊关系矩阵→确定评价因素权向量→ 选择合成算子→ 得到模糊评判结果向量→ 进一步分析处理。

该法的优点是：数学模型简单，容易掌握，对多因素多层次的复杂问题评判效果比较好。在实际应用中，采用模糊综合评判法能够得到全面和合理的评判结果。

6. 人工神经网络方法

神经网络是建立以权重描述变量与目标之间特殊的非线性关系模型，对事物的判断分析必须经过一个学习或训练过程，类似于人脑认识一个新事物必须有一个学习过程一样，神经网络通过一定的算法进行训练，将反馈传播（BP）算法引入神经网络中，很好地实现了多层神经网络的设想。与传统的计算机方法相比，具有大规模信息处理、分布式联想存储、自适应学习及自组织的特点；作为一个高度的非线性动态处理系统，既可处理线性问题，又可处理非线性问题，且具有很强的容错能力。在求解问题时，对实际问题的结构没有要求，不必对变量之间的关系作出任何假设，只需利用在学习阶段所获得的知识（分布式存储于网络的内部），对输入因子进行处理，就可得到结果。这种处理方式较符合客观实际，因而得到的结果具可靠性。

# 参考文献

[1] 李宝瑜、刘洪:《企业经营统计学》，科学出版社 2006 年版。

[2] 杜金富:《银行监管统计学》，中国金融出版社 2014 年版。

[3] 董逢谷等:《企业统计学》，上海财经大学出版社 1999 年版。

[4] 刘红梅、王克强:《金融统计学（第二版）》，上海财经大学出版社 2012 年版。

[5] 戴国强:《商业银行经营学（第三版）》，高等教育出版社 2007 年版。

[6] 李志辉:《商业银行管理学》，中国金融出版社 2006 年版。

[7] 宋玮:《商业银行管理》，清华大学出版社 2012 年版。

[8] 朱新蓉、宋清华:《商业银行经营管理》，中国金融出版社 2009 年版。

[9] [美] 安东尼桑德斯、琳达艾伦著，刘绪光译:《远离金融危机的信用风险计量与控制》，中信出版社 2015 年版。

[10] [意] 萨伊塔著，周行健等译:《VaR 和银行资本管理：风险调整绩效、资本管理及资本配置方法论》，机械工业出版社 2012 年版。

[11] 中国银行业从业人员资格认证办公室:《风险管理》，中国金融出版社 2010 年版。

[12] [美] 菲利普乔瑞著，陈跃等译:《风险价值 VaR（第二版）》，中信出版社 2004 年版。

[13] 赵先信:《银行内部模型和监管模型：风险计量与资本分配》，上海人民出版社 2004 年版。

[14]《企业会计准则——应用指南》，财政部（2006 年）。

[15]《 商业银行信息披露办法》，中国银行业监督管理委员会 2007 年。

[16] 张立迎、张璇:《商业银行经营管理》，科学出版社 2013 年版。

[17] 潘功胜:《上市银行价值分析》,中国金融出版社 2011 年版。

[18] 张新民、钱爱民:《财务报表分析》,中国人民大学出版社 2014 年版。

[19] Basel Committee on Banking Supervision. Basel III: A global regulatory framework for more resilient banks and banking systems [R] . 2010.

[20] COSO. Enterprise Risk Management——Integrated Framework [R] 2004.

[21] 梁世栋:《商业银行风险计量与实务》,中国金融出版社 2009 年版。

[22] 巴曙松:《巴塞尔新资本协议研究》,中国金融出版社 2003 年版。

[23] 巴塞尔银行监督管理委员会,中国银行业监督管理委员会译:《巴塞尔新资本协议》,中国金融出版社 2004 年版。

[24] 巴塞尔银行监督管理委员会发布,中国银行业监督管理委员会翻译:《统一资本计量和资本标准的国际协议:修订框架》,中国金融出版社 2004 年版。

[25] 白洋:“全面风险管理——国际银行业风险管理新趋势”,吉林大学 2006 年。

[26] 胡朝阳:“商业银行经济资本计量与管理研究”,西南大学 2011 年。

[27] 薛玉明:“经济资本计量及其在商业银行的应用研究”,山东大学 2011 年。

[28] 王晖、陈丽、陈垦等:“多指标综合评价方法及权重系数的选择”,《广东药学院学报》2007 年第 23 期。

[29] 张向菁:《持续成功之道——商业银行竞争力研究》(上海国家会计学院学术丛书),经济科学出版社 2014 年版。

[30] 平衡计分卡 http://baike.baidu.com/view/74591.htm。

[31] 内部因素评价矩阵 http://baike.baidu.com/view/4629799.htm。

[32] 竞争态势矩阵 http://baike.baidu.com/view/2743147.htm。

[33] 骆驼评级法 http://baike.baidu.com/view/1404877.htm。

[34] 综合指数法 http://baike.baidu.com/view/281420.htm。

# 后 记

统计方法在现代商业银行管理中得到广泛应用，统计学、数学与金融学的融合发展成为一种趋势，为适应学科发展的需要，培养复合型、应用型人才，我们编写了《商业银行管理统计》，本书可作为本科生教材，亦可供研究生和行业从业人员参考。

本书由杨廷干提出编写大纲，并负责统稿。各章编写者为杨廷干（第一、二章）、元如林（第三章）、王静（第四章）、任海峙（第五章）、刘慧媛（第六章）、吴开尧（第七章）。

本书尽可能吸收已有的教学科研成果，参考了相关的专著论文，主要参考文献已在书中列出，感谢各位学界同仁所作的贡献。本书是协同创新的成果，作者来自统计与数学学院、信息管理学院和会计学院等不同单位，感谢相关院系的支持。胡晨晞协助主编做了排版和图表的编排工作，谨此致谢。由于我们学习研究不够，错讹不周之处在所难免，欢迎批评指正。

杨廷干

2016 年 4 月 16 日